教育部人文社会科学研究青年基金项目资助
（项目批准号：13YJC630022）

广东省自然科学基金项目资助
（项目批准号：S2012040007258）

广东省高校优秀青年创新人才培育项目资助
（项目批准号：2012WYM_0106）

广州市属高校科研项目资助
（项目批准号：2012B013）

广州大学公共管理学科发展基金资助项目

中央财政支持地方高校发展创新团队"国家中心城市发展与管理"资助项目

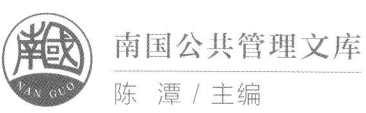

南国公共管理文库

陈潭 / 主编

创新集群知识治理机制与政策研究

丁魁礼 / 著

中国社会科学出版社

图书在版编目（CIP）数据

创新集群知识治理机制与政策研究／丁魁礼著 .—北京：中国社会科学出版社，2015.5

（南国公共管理文库）

ISBN 978 – 7 – 5161 – 5737 – 4

Ⅰ.①创… Ⅱ.①丁… Ⅲ.①知识经济—研究—中国 Ⅳ.①F124.3

中国版本图书馆 CIP 数据核字（2015）第 053055 号

出 版 人	赵剑英
责任编辑	田 文
特约编辑	陈 琳
责任校对	张爱华
责任印制	王 超

出　版	中国社会科学出版社
社　址	北京鼓楼西大街甲 158 号
邮　编	100720
网　址	http://www.csspw.cn
发 行 部	010 – 84083685
门 市 部	010 – 84029450
经　销	新华书店及其他书店

印刷装订	三河市君旺印务有限公司
版　次	2015 年 5 月第 1 版
印　次	2015 年 5 月第 1 次印刷

开　本	710×1000　1/16
印　张	12.25
插　页	2
字　数	217 千字
定　价	45.00 元

凡购买中国社会科学出版社图书，如有质量问题请与本社营销中心联系调换
电话：010 – 84083683

版权所有　侵权必究

南国公共管理文库

组编
广州大学公共管理学院
出品
中国社会科学出版社

学术委员会

顾问：夏书章（中山大学）
主任：徐俊忠（广州大学）
委员：（按音序排列）

蔡立辉（暨南大学）	曹　蓉（西北大学）
陈昌贵（中山大学）	陈社英（佩斯大学）
陈振明（厦门大学）	陈　光（西南交通大学）
陈　潭（广州大学）	丁　煌（武汉大学）
董江爱（山西大学）	高小平（中国行政管理学会）
郭小聪（中山大学）	何高潮（中山大学）
贺雪峰（华中科技大学）	李　强（清华大学）
林尚立（复旦大学）	马　骏（中山大学）
倪世雄（复旦大学）	王绍光（香港中文大学）
吴逢时（香港中文大学）	吴克昌（华南理工大学）
吴先明（武汉大学）	任剑涛（中国人民大学）
沈丁立（复旦大学）	唐任伍（北京师范大学）
童　星（南京大学）	肖　滨（中山大学）
徐湘林（北京大学）	徐晓林（华中科技大学）
薛　澜（清华大学）	严　强（南京大学）
姚先国（浙江大学）	杨光斌（中国人民大学）
于建嵘（中国社会科学院）	郁建兴（浙江大学）
岳经纶（中山大学）	张凤阳（南京大学）
张其学（广州大学）	张应强（华中科技大学）
张　鸣（中国人民大学）	钟书华（华中科技大学）
周敏凯（同济大学）	周志忍（北京大学）
朱光磊（南开大学）	朱仁显（厦门大学）

编辑委员会

主任：陈　潭

委员：（按音序排列）

丁魁礼　韩和元　蒋红军　李小军　李　智　刘建义
刘晓洋　刘雪明　刘　波　彭铭刚　沈本秋　汤秀娟
王枫云　王　琳　王　霞　肖生福　谢建社　谢俊贵
谢志岿　熊美娟　徐　凌　杨　芳　曾小军　钟育三
周利敏　周凌霄

总　序

这是一个转型的时代，这是一个变革的时代，这是一个机遇与挑战并存的时代！随着新知识、新技术、新方法的创造和运用，时代的发展和社会的进步已经势不可当！

在这个碎片化的时代里，人类社会对于知识、技术、制度、文化的要求将会越来越高，而知识的积累、传播、生产、更新和创造也将会变得越来越重要。在这个流动性的时代里，时代赋予了每一个人以同等的使命、机遇和挑战，而每一个人又是这个时代忠实的纪察者、参与者和记录者。站在这个时代的横断面上，作为时代最好的记录者之一，当下学术人必须捍卫真理、秉持操守，必须海纳百川、兼容并包，必须淡泊名利、勇于担当，必须以科学的精神和专业的视角全部或部分地反映变革时代所涌现的人和事，总结已经变化了的社会实践活动经验，跟进正在发生或将要发生的时代变革行为。

1917年，青年毛泽东在湖南第一师范求学时于《心之力》的作文中写道："故当世青年之责任，在承前启后继古圣百家之所长，开放胸怀融东西文明之精粹，精研奇巧技器胜列强之产业，与时俱进应当世时局之变幻，解放思想创一代精神之文明。破教派之桎梏，汇科学之精华，树强国之楷模。正本清源，布真理于天下！"1919年，他在《湘江评论》创刊宣言中指出："所以我们的见解，在学术方面，主张彻底研究，不受一切传说和迷信的束缚，要寻着什么是真理。"可见，学术人的学术研究只有"承前启后"、"与时俱进"、"解放思想"、"正本清源"和"彻底研究"，才能"布真理于天下"。

从一定程度上来说，问题意识、分析技能、批判精神是学术人从事学术活动和走上职业化道路必备的三个要素。倘若缺乏了分析技能，自然也就缺乏对这个时代良好的判断能力、辨析能力和推理能力；倘若没有了批判精神，也就无从谈起否定、反思和修正，就更无从说起创新和创造了。但是，如果没有了问题意识，那一切都将会无从谈起。问题意识是时代的主题，是从事学术活动最起码的思维和思考方式。意识到问题的存在是思维的起点，没有问题的思维显然是肤浅的、被动的。实际上，在既有的研究、思考和行文中，我们通常会不自觉地落入社会科学研究的"三段论"范式之中：到哪儿去发现问题和寻找问题？怎样诊断问题和分析问题？如何提出解决问题的方法和路径？

我们知道，学术人从事的学术研究永远都脱离不了这个时代、这个社会，永远都无法摆脱时代和社会存在的种种问题。至于如何去"发现问题"和"回答问题"，那就仁者见仁，智者见智了。无论是不同学科，还是不同学派；无论是自然科学工作者，还是社会科学工作者；也许同一个问题有不同的发现解释，同一个问题有不同的解决方法和解决方案。但几乎同一的问题意识始终是学术人无法绕过的学术"自留地"，而围绕问题所达成的目标始终又几乎都是统一的。不管是晚睡还是早起，学术人始终都是全天候地思考并想象着的"孤独的探索者"。

作为公共管理研究的从业者，必须具备宽广的知识基础和丰富的经验基础。公共管理研究离不开政治学、经济学、社会学、管理学的知识支撑，也离不开数学、哲学、法学、史学的思维支持。面对纷繁复杂的人类实践活动，面对层出不穷的社会公共问题，单一的学科知识已经无法圆满回答涉及面广、跨越度大、复杂性高、系统性强的公共政策、公共事务、公共治理问题。因此，学科边界和知识壁垒不得不被打破，科际整合成为现实，社会科学的知识统一无法避免。如今，各行各业、各式各样的跨界行动，让我们目不暇接，单一的、传统的思维、专业和学科迟早会被颠覆。如果没有广博知识的涉猎和多学科方法的介入，公共问题的研究毫无疑问将会变得没有宽度、深度和新度。

同时，作为社会科学事业的公共管理研究，如果没有生动的实践和丰富的经验作为基础，任何研究都将走向空泛和无力。实践既是客观世界的直接活动，也是主观世界的能动反映，可谓"实践出真知"。明代理学名宦林希元有云："自古圣贤之言学也，咸以躬行实践为先，识见言论次之。"作为直面实践的学问，公共管理研究既不能"坐井观天"，又不能"闭门造车",它必须以实践阅历与经验累积作为起码的思维铺垫和行动指南。它既需要"眼观六路",又需要"耳听八方",它既需要深入田间地头、街头巷尾,又需要深入政府、学校、医院、企业和其他社会组织当中。"没有调查,就没有发言权",只有经过细致入微的观察、访谈和体验,开展案例、数据和其他有用信息的收集、鉴别与整理,才能采用"真方法"找到"真问题"。无法"顶天",就得"立地",唯有建立理论与经验的现实链接,学术研究才有洞察力、说服力和生命力!

众所周知,"推动国家治理体系和治理能力现代化"成了新时期全面深化改革的总目标。毫无疑问,良好的国家治理体系和治理能力是建立和完善现代国家制度的必然产物,是实现国强民富、国泰民安、民族复兴、大国崛起的不二选择。作为制度系统的组成部分,国家治理涵盖了经济治理、政治治理、社会治理、文化治理、生态治理、政党治理等多个领域以及基层、地方、全国乃至区域与全球治理中的国家参与等多个层次的制度体系。国家治理体系和治理能力的现代化建设和发展,凸显了政权管理者向政权所有者负责并被问责的重要性,强调了政权所有者、政权管理者和利益相关者多种力量协同共治的必要性,指向了国家实现可持续发展、普遍提高国民生活质量和建立和谐稳定社会秩序的可能性。

世界银行在《变革世界中的政府(1997年世界发展报告)》中指出,"善治"或"有效治理"是一个国家——特别是发展中国家——实现发展的关键。诚然,中国已经进入了从现代化的早期阶段向后期阶段迈进的新的历史时期,工业化、市场化、城镇化、信息化、全球化的浪潮有力地冲击着既有的国家治理体系并挑战着当下的国家治理能力。国家治理的转型和现代化建设将会促使经济、政治、文化、社会、生态等方面的制度建设更加科学、更加合理、更加完善,科学执政、民主执政、依法执政的能力和水平不断提高,公共事务管理不断走向制度化、规范化、程序化。因此,深入开展公共治理研究无疑将有助于国家治理现代化的建设与发展。

第一,科学有效的政府治理是实现国家治理现代化的前提。政府的职责和作用主要表现为保持宏观经济稳定,优化公共服务,保障公平竞争,加强市场监管,维护市场秩序,推动可持续发展,促进共同富裕,弥补市场失灵。因此,实现良好的政府治理需要改革政府治理结构、完善现代政府制度，需要明晰科学合理的政府边界，适当调整政府与企业、政府与市场、政府与社会、政府与公民、政府与政党之间的关系，充分发挥市场在资源配置中的决定性作用，着力解决市场体系不完善、政府干预过多、监管不到位等"政府失灵"和"市场失灵"问题。同时，实现良好的政府治理必须转变政府职能，深化行政体制改革，创新行政管理方式，增强政府公信力和执行力，建设法治政府和服务型政府。

第二，创新有序的地方治理是实现国家治理现代化的核心。从纵向治理结构来看，作为一个巨型的治理共同体，不同的地方有着不同的复杂性，国家治理需要地方性知识的累积，国家治理的创新需要地方治理的制度试验和"先行先试"。从横向治理结构来看，城乡二元结构和"城乡分治"的现实成了国家治理现代化进程无法回避的制度瓶颈，公共服务供给不充分、不均等、不便利仍然是割裂乡村治理和城市治理的主要因素。因此，建立"以工促农、以城带乡、工农互惠、城乡一体"的新型工农城乡关系，让农民平等参与现代化进程、共同分享现代化成果，是实现国家治理现代化的关键目标。

第三，多元共治的社会治理是实现国家治理现代化的关键。面对社会结构变化、社会矛盾凸显和利益格局调整，政府依靠自己的力量且沿用传统的社会管制方式已经过时，提高处理复杂问题的能力和创新社会治理的水平势所必然。因此，政府必须立足于维护最广大人民群众的根本利益，最大限度地增加和谐因素，建立顺畅的民意诉求通道，协同各级各类社会组织，运用法治思维和法治方式，坚持源头治理和综合治理，强化道德约束，规范社会行为，调节利益关系，协调社会关系，解决社会问题，增强社会发展活力，提高社会治理水平。同时，加快社会事业改革，完善政府服务购买方式，健全基层综合服务管理平台，解决好公众最关心最直接最现实的利益问题，努力为社会提供多样化服务，更好地满足公众需求。

第四，开放包容的文化治理是实现国家治理现代化的条件。基于宗教、信仰、风俗、道德、思想、文学、艺术、教育、科学、技术等范畴的意识形态和精神财富的文化治理是国家治理的上层建筑和"软实力"。通过进行公共文化决策、公共文化事务处理、公共文化资源配置、公共文化产品提供等形式和方式，文化治理可以平衡不同人群之间的社会需求，可以有效地建构公共符号、凝聚公众情感、陶冶公众情操、消解心理压力、疏导社会情绪。国家文化治理可以通过家庭教育、学校教育、社会教育等途径开展，也可以以文化产业、文化产品的方式实现政治、经济、社会和文化的价值性转换，进而创新和重塑国家治理模式。

第五，和谐共生的生态治理是实现国家治理现代化的保障。面对资源约束趋紧、环境污染严重、生态系统退化的严峻形势，生态治理必须树立尊重自然、顺应自然、保护自然的理念，坚持节约优先、保护优先、自然恢复为主的方针，建立系统完整的生态文明制度体系，实行最严格的源头保护制度、损害赔偿制度、责任追究制度，完善环境治理和生态修复制度，着力推进绿色发展、循环发展、低碳发展，形成资源节约和环境友好的空间格局、产业结构、生产方式、生活方式。开展生态治理，建设美丽中国，关系公众福祉，关乎民族未来。

毫无疑问，推进国家治理体系和治理能力现代化需要智慧而有策略的顶层设计。罗尔斯在《正义论》中提出了社会公正的两条基本原则：一是普惠的原则，每一个社会成员都应该享受同等的权利、义务和福利；二是差异的原则，每一个社会成员具有先天禀赋和后天能力的差异，社会应该为弱势者提供一定程度的照顾和补偿。通俗地说来，"满足多数，保护少数"的国家治理能够达成社会最基本的"权"、"利"和"善"，能让公众幸福而有尊严地生活、让社会公正而又和谐地运转。为此，新时期的国家治理改革必须从原先的"从下至上、先易后难、循序渐进、单项突破"转变为"从上到下、以难带易、平行推进、重点突破"，选准影响经济社会发展的"重点领域"和"关键环节"，以"刮骨疗毒"和"壮士断腕"的勇气冲破障碍和阻力，从而实现民族复兴的伟大"中国梦"！

与此同时，推进国家治理体系和治理能力现代化需要学术人的公共责任和学术作为。当下的社会是一个需要表达的社会，当今的时代是一个寻求逻辑建构的时代。社会需要知识，时代借力学术，具备学院水准、时代责任和人文关怀的学术人的学术修为、知识供给和理论贡献在今天变得尤为重要。为此，当下学术人必须提升学术研究的质量和水平，必须拓展学术开放度和学术自主性，必须具备国际化视野、专业化精神和本土化路线，从科学理论中寻找本土的现实注脚，从本土素材中提炼理论的科学养分，回归常识，累积个案，追寻真实，积极推动原创研究、微观研究、深度研究的开展。

　　书山有路，学海无涯！站在南海边上的中国，我们尽情地展示我们的热情、我们的呼吸、我们的稚嫩。我们深知，在学术的门缝里，我们仅仅是蹒跚学步的孩子，只有站在前人和他人的肩膀上，才会看得更清、更高、更远！真心期待《南国公共管理文库》的编辑和出版能够为推动中国社会科学学术研究的繁荣和发展尽点绵薄之力！

　　是为序！

陈潭

2014 年 2 月 24 日

于广州大学城

内容摘要

知识是当今社会最重要的战略资产，学习是最重要的战略行为。创新集群的培育和发展影响区域竞争力乃至国家竞争力。培育创新集群推进创新型国家建设进而提高国家竞争力的理念已经在决策层和学术界形成了高度共识。培育创新集群就必须实施高强度的知识和技术学习、构建契合的创新集群知识系统以及知识治理机制。

创新集群是以新知识生产、新产品大量出现为本质特征的创新型组织（创新型企业、各种知识中心和相关机构）在地理空间上集中或者在技术经济空间中集聚，并且与外界形成有效互动结构的产业组织形态。不论术语如何变换，诸如知识集群（knowledge clusters），技术集群（technology clusters），智力集群（intellectual clusters），以知识为基础的集群（knowledge-based clusters）；满足以上界定，均可以视为属于创新集群范畴。创新集群吸收了创新理论的重要成果；尤其创新系统研究是创新集群最主要的理论来源；创新集群也融合了区域理论、产业区、产业集群和创新地理学的理论成果。创新集群存在两个分析维度：地理空间维度和技术经济空间维度。"创新"是"集群"的定语，还是"集群"是"创新"的状语？这个争执实质是两个研究维度的争执，如果只是选取其中一个维度将误导以后的理论研究和实践发展。

后发优势还是后发劣势的争论本质上涉及后发国家和地区是否具有知识和技能的学习能力、吸收能力、学习强度以及制度学习能力。而这些问题在创新集群发展过程中就体现为：知识是如何有效生产、共享、协调、整合的，也即创新集群的知识治理机制问题。基于创新集群知识属性（知识库）和组织属性（联盟库）视角，根据知识库和联盟库的高低水平差异可以得出创新集群的不同阶段形态模型，然后根据这些阶段形态选择相契合的知识治理机制，是增进知识总量的供给，还是增进知识供应者与知识使用者之间的连接，还是选择塑造共同文化、共同语言的知识平台项目。

知识平台的构建过程反映出创新集群的不同秩序和制度环境。在中关村创新集群信用知识平台构建过程中，主要反映出公共秩序的主导力量，中关村管委会作为主要发起人和组织实施主体。在杭州电子商务集群信用知识平台的构建过程中，主要反映出私人秩序的主导作用，领军企业作为主要发起人和组织实施主体。在公私秩序作用下借助于组织主体实现知识的螺旋运动，即知识共享化、内在化、形式化和联结化。

知识治理活动中存在一些典型组织，除了通常的领军企业之外，还有地区研究中心、合作研究中心等。创新集群的培育有赖于创新要素的连接和耦合，这些要素的连接和耦合必须由创新集群中的组织主体加以协调和整合。基于此研究了创新集群中组织的构成、组织间的竞争和合作以及组织发育的路径。

知识、组织和制度三者之间也存在共生演化关系。创新集群的知识、组织和制度的共生演化关系可以描述为：以现有知识存量、文化遗产为先导，经由组织认同，国家权威发起制度变革，直接或间接促进了知识生产机构的增加和质量的改善，在企业家能力的整合下引发了微观组织的创新，这些创新又反哺知识生产机构，竞争和多样性的激荡作用又引致社会知识和社会理念的渐次改变。

Abstract

Knowledge is the most important strategic asset, and learning is the utmost strategic action. The fostering and development of innovation clusters can influence regional and even national competence. To cultivate innovation clusters has gained wide recognition among the decision – makers and academic world as an important factor that helps build an innovative nation and boost national competence. Intensive learning of technology and knowledge, construction of suitable innovation cluster knowledge system, and knowledge governance mechanism are the three crucial criteria in the formation innovation clusters.

Innovation cluster is defined as the geographical or technological – spatial concentration of innovative organizations (enterprises, knowledge centers and related entities) that feature mass production of knowledge and effective interaction with outside world. No matter how the technical terms change, such as knowledge clusters, technology clusters, intellectual clusters, or knowledge – based clusters, any organization concentration that meet the above criteria can be seen as an innovation cluster. Innovation cluster studies absorbed the core findings of innovation theories, especially of the innovation systems studies; it also integrated in theories from Regional Theory, Industrial district, Industry Cluster and Innovation Geography. Innovation cluster studies are carried out in two dimensions: geographical and technological – space. Is "innovation" modifying "cluster", or the other way around? Such debate reflects the focusing of different research dimension. One – sided research will later compromise our theoretical exploration and application development.

Are the following – up countries advantaged or disadvantaged? The debate is actually a question about whether the following – ups are equipped with the learning abilities of knowledge, technology, and institution, and how well they can do them. Considered from development of innovation clusters, such questions can be interpreted into: how is knowledge effectively produced, shared, coordinated, and integrated, or in other words, the knowledge governance mechanism of innovation clusters. Based on the knowledge attribute (knowledge stock) and the organizational attribute (alliance stock), we are able to find out models of innovation cluster in different phases, and duly select a suitable knowledge governance mechanism: should we increase supply of knowledge volume, or the connection between knowledge suppliers and users, or build a knowledge sharing platform that enables common culture and language.

Construction process of knowledge platform can reflect different order and system in innovation clusters. In building of innovation cluster credit platform in ZhongGuanCun, the Management Commission acted as the major initiator and implementer, which showed the leading position of public hierarchy. On the other hand, in the building of credit platform in Hangzhou E-commerce innovation cluster, leading private companies took the controlling position, a clear demonstration of private system. Under the influence of public and private powers, the subjects made spiral developments of knowledge, namely socialisation, externalisation, internalisation, recombination.

Apart from usual leading companies, regional research institutions are also typical organizations active in knowledge management. The fostering of innovation clusters requires the connection and coupling of innovation elements, which is achieved through coordination and integration among the subjects in the clusters. Bearing all these in mind, the study attempts to study the constitution of organizations in innovation clusters, competition between organizations, and the development approaches of them.

Institution and knowledge, organization and knowledge are both interacting; to observe on a higher scale, knowledge, organization and system can even be seen as a co-evolution system. Their co-evolution existence can be described as: led by the existing knowledge and cultural heritage, and recognized by the organization, the nation authorities initiates institution reform that directly or indirectly boosts the increasing in knowledge production and quality improving. Innovations in micro – organizations are enabled through integration of entrepreneurs, which in turn rewards the knowledge production entity. On the other hand, challenge and variety triggered changes in social knowledge and ideas.

目 录

第一章 导论 ……………………………………………………………（1）
  第一节 研究背景、问题陈述与研究意义 …………………………（1）
  第二节 研究思路与研究方法 ………………………………………（5）
  第三节 理论基础与概念界定 ………………………………………（7）
  第四节 本书的主要内容与结构安排 ………………………………（9）

第二章 文献综述：从知识问题到创新集群知识治理 ……………（11）
  第一节 从知识问题到知识治理 ……………………………………（11）
  第二节 创新集群框架下讨论知识治理的恰当性与可能性 ………（17）
  第三节 国内创新集群及相关研究文献综述 ………………………（25）
  第四节 本章小结 ……………………………………………………（32）

第三章 创新集群：研究谱系、分析维度与本质含义 ……………（33）
  第一节 创新集群的研究谱系 ………………………………………（33）
  第二节 创新集群的分析维度 ………………………………………（42）
  第三节 创新集群的本质含义 ………………………………………（44）
  第四节 创新集群的分析层面、边界与方法 ………………………（56）
  第五节 本章小结 ……………………………………………………（58）

第四章 知识库、联盟库与创新集群知识治理机制选择 …………（60）
  第一节 知识属性、组织属性与知识治理机制选择 ………………（60）
  第二节 创新集群知识治理机制选择的研究路径 …………………（64）
  第三节 基于知识库和联盟库的集群形态二维框架 ………………（66）
  第四节 基于集群形态的知识治理机制选择 ………………………（68）

第五节　法国索菲亚·安提波利斯 ICT 创新集群案例分析 ………… (69)
第六节　本章小结 ………………………………………………… (74)

第五章　创新集群知识治理的多维螺旋机制 ……………………… (75)
第一节　创新集群中集体行动的需求分析 ……………………… (76)
第二节　公共秩序、知识平台与知识螺旋：以中关村信用知识平台为例 ……………………………………………… (77)
第三节　私人秩序、知识平台与知识螺旋：以杭州电子商务集群为例 …………………………………………………… (84)
第四节　本章小结 ………………………………………………… (92)

第六章　创新集群知识治理的组织实施机制 ……………………… (94)
第一节　创新集群中的组织构成 ………………………………… (95)
第二节　创新集群中桥梁组织的连接功能与创新功能 ………… (97)
第三节　创新集群中组织间的竞争与合作 ……………………… (101)
第四节　创新集群中组织发育路径 ……………………………… (106)
第五节　本章小结 ………………………………………………… (108)

第七章　创新集群知识治理的共生演化机制 ……………………… (110)
第一节　创新集群中的组织与制度的相互依存关系 …………… (111)
第二节　创新集群中制度质量对知识增益的影响 ……………… (116)
第三节　创新集群中知识、组织与制度的共生演化 …………… (121)
第四节　本章小结 ………………………………………………… (134)

第八章　创新集群知识治理的公共政策框架 ……………………… (135)
第一节　政府与公共政策在创新集群知识治理中的角色配置 … (135)
第二节　战略需求决定了"集中力量办大事"的知识生产制度 …………………………………………………………… (140)
第三节　多样性的适存性质决定了自由探索的知识生产制度 … (143)
第四节　集中力量办大事与自由探索之间竞争与互补的制度结构 …………………………………………………… (146)
第五节　本章小结 ………………………………………………… (149)

第九章　结语 …… （150）
　第一节　主要研究结论 …… （150）
　第二节　主要创新点 …… （151）
　第三节　研究展望 …… （152）

参考文献 …… （153）

后记 …… （172）

第一章　导论

第一节　研究背景、问题陈述与研究意义

一　研究背景

本书研究的问题是创新集群中知识是如何有效组织和协调的，即创新集群中的知识治理机制问题。

在知识经济时代，知识是经济增长的基础和发动机；而知识增量是由创新过程而来（Spielkamp and Vopel，1998）。在全球化竞争背景下，国家竞争力的强弱高度依赖于国内区域经济和地方集群的竞争力和创新能力（Poter，1990）。胡锦涛同志多次强调指出，要把推动自主创新摆在全部科技工作的突出位置，坚持把提高自主创新能力作为推进结构调整和提升国家竞争力的中心环节，在实践中走出一条具有中国特色的科技创新之路。

然而，当前中国大陆区域经济和地方集群的发展，不仅面临着资源瓶颈的约束，而且还面临着产业升级、自主技术能力升级、自主品牌塑造、专利丛林、嵌入全球价值链的障碍以及碳排放等多重升级压力和困境。而国家高新区作为地方集群的载体，同样遭遇二次创业、促进传统产业改造升级的压力。如何升级、向什么目标升级都是我国实践发展给决策者和学界提出的严肃而又重大的课题。在国际学术界多年研究与酝酿、OECD 明确提出培育创新集群之后，我国理论界和政策决策部门也已形成了高度的共识：把培育创新集群作为地方集群升级和国家高新区二次创业的目标（张景安等，2002；肖广岭，2003；宁钟，2004；王缉慈，2004；梁桂，2005，2006；马颂德，2006；钟书华，2007，2008；曹健林，2007；等）。在科技部发布的《国家"十一五"科学技术发展规划》、《国家高新技术产业开发区"十一五"发展规划纲要》以及《国家高新技术产业化及其

环境建设（火炬）"十一五"发展纲要》中多次重点强调推动我国创新集群发展的重要意义；其中《国家高新技术产业开发区"十一五"发展规划纲要》中明确提出重点发展孕育自主创新的特色产业，形成规模化、特色化、国际化的创新集群。

当前创新集群既是国际学术热点又是国家科技决策层关注的重点。培育创新集群推进创新型国家建设进而提高国家竞争力的理念已经在决策层和学术界形成了高度共识。知识是当今社会最重要的战略资产，创新集群作为地区发展的重要产业组织形态，两者之间的关系是一个重要又引人入胜的研究主题。正如阿尔弗雷德·马歇尔（1969）的洞见："资本大量存在于知识和组织之中，……知识是我们最强大的生产引擎；它使我们能征服自然和迫使它满足我们的需求。组织则辅助知识。"然而，马歇尔对知识和组织之间关系的观察和洞见在经济学家那里还没有得到应有的关注（Fransman，1998）。知识治理研究的发起者之一 Foss（2007）也指出现有组织研究中组织和知识之间关系的考察还存在很多研究空隙。虽然"知识是一个困难的概念"、"知识问题太难以捉摸了"，但是由于知识对于经济过程之无与伦比的地位，研究者只能尝试理解和掌握这个概念以生成更坚实的组织理论（Penrose，1959；Fransman，1998）。

自马歇尔伊始，知识在集群空气中流动的思想已是共识。但是集群空气中何种知识流动能够带来创新？这个问题仍然处于黑箱状态，因此 Feldman（2003）、Audretsch 和 Feldman（2004）发问：经济上有用的知识是如何生产出来的？Lundvall（2004，2006）和 Lundvall 等（2002，2007）强调学习旨在获取知识，学习发生方式也对应着知识的生产方式和共享方式，但是社会互动学习过程中新知识如何生成的问题仍然有待深入考察。上述问题在创新集群情景下又生成以下问题：创新集群中知识生产和共享是如何有效地组织和协调的？即创新集群知识治理问题。

创新集群知识治理研究在丰富知识治理理论的同时，还可以为创新集群的发育、发展甚至衰退提供更深刻的解释。因此，开展创新集群知识治理具有重要的理论价值和实践意义。国外知识治理研究刚刚萌芽和孕育，处于组织理论的研究前沿。国内外现有研究还没有明确地将创新集群知识治理作为研究的主要议题；创新集群中知识是如何被组织和协调以及为何如此组织和协调的问题没有得到应有的重视。

由于中国经济和科技实践发展的非常迅猛，以至于在面对这一问题时现有理论上的解释显得滞后和不足。但是这一问题意义重大，因为只有科学解释了创新集群中知识的组织和协调机制以及知识、组织和制度的共生演化机制，政策决策部门才能为知识和创新政策目标的执行制定出可操作性的相关规则，才不至于使得这些政策目标浮在空中，才能更快地实现中国经济发展从要素驱动发展模式向创新驱动发展模式的转型；从而实现国家高新区的跨越式发展，从而为后发国家的经济追赶找到一条可行路径，从而为中国创新型国家建设找到一个切入点和支撑。这样，本书不仅回应了理论界的困惑，同时呼应和回应了中国实践发展的迫切需求；因此可以说本书不仅具有理论开拓的重要意义，更重要的是它具有推动创新集群快速发展的实践意义。

二 问题陈述

创新集群与知识两者之间的关系是一个重要而有趣的研究主题。现有研究关注重点在于集群中的知识角色、知识库、知识系统、知识节点、位置和接近对于知识交流的作用等；研究者关注不足的是在更深入的制度和秩序层面上考察集群和知识之间的关系，即在创新集群场景下知识是如何依赖于制度和秩序的；组织设置和技术规则等制度为什么及如何会显著影响知识活动的绩效和知识异质性；同时，知识的独特属性又如何影响到其被组织和协调的治理方式的选择。具体研究问题如下：

·创新集群中知识是如何组织和协调的？创新集群中知识属性和组织属性是如何影响到治理机制的选择？

·创新集群中知识生产和共享依靠何种机制实现？制度和秩序环境如何影响创新集群中的知识生产、转移和共享？创新集群中的知识生产、转移和共享依靠哪些组织实现？进而，创新集群中知识、组织和制度三者之间的关系又如何刻画？

三 研究意义

（一）理论意义

创新集群知识治理研究在丰富知识治理理论的同时，还可以为创新集群的发育提供理论支撑，对于创新集群的发展甚至衰退提供更深刻的解释；也是综合哈耶克-诺斯和熊彼特-阿尔钦两种研究路径更好地理解经济组织的一个理论视角，Pelikan（2001）认为哈耶克-诺斯路径属于国家或超国家的制度范畴，熊彼特－阿尔钦路径是经济体内企业和各种机构的制度范畴；这两种路径大部分都被单独研究过但是各自的研究还没有实现综合、还很少发生联系；然而将两者连接加以综合似乎是理解经济组织演化的唯一路径。创新集群作为中观层面的产业组织，既深受国家甚至超国家制度的影响和规制，又依赖于其中具有不同企业家能力的企业行为，企业的搜寻、选择并整合知识的能力直接影响到创新集群的绩效。因此，开展创新集群知识治理具有重要的理论价值。

本书的理论意义具体包括：（1）深入分析了创新集群的研究谱系、分析维度和本质含义；（2）较为全面地把握创新集群知识治理的内涵，提供一个创新集群知识治理机制的研究框架；（3）在国外学者的基础上讨论了知识属性（知识库）和组织属性（联盟库）对于创新集群中知识治理机制选择的影响研究，分析了不同秩序治理模式下创新集群中的知识螺旋运动；（4）深入分析了创新集群中知识、组织和制度的共生演化机制，给出了一般模型并利用典型创新集群案例对该模型进行了检视和发展。

（二）实践意义

实践的发展也在呼唤创新集群知识治理研究。我国高新区的二次创业、传统产业升级改造，传统产业集群升级都是未来一段时期需要研究和解释的现实课题。关于向什么目标升级的问题我国学界和决策部门已经形成了高度共识，把培育创新集群作为地方集群升级和国家高新区二次创业的目标。而能否实现这个目标，最终取决于创新集群中的新知识（经济上有用的知识）能否大量生成、有效转移和互惠共享；能够满足这个条件，有可能顺利向创新集群的成熟期过渡，否则，将在创新集群的雏形期徘徊。因此，创新集群知识治理研究具有重要的现实意义。本书的实践意义具体包括：

（1）创新集群知识治理机制研究将政策着眼点从惯常的区域政策和产业政策转向知识政策，尤其是引导政策关注创新集群中有用知识的生成、扩散以及共享问题；

（2）创新集群知识治理机制研究引导政策关注创新集群中知识、组织和制度的共生演化关系，对政府制定适配于当地制度环境和组织发育状况的区域创新政策提供参考和借鉴；

（3）创新集群知识治理机制研究指明竞争性和多样性对于一国创新

集群的培育（乃至一国的创新系统）具有重要意义，因此适合后发国家创新集群培育（创新系统建设）的政策路径是"抓大放小"；"抓大"即集中力量紧抓确定性较强的大科学、大技术工程，"放小"即放活小科学项目、放活其余的民间资源、社会资源从事多样多元的、风格各异的、探索性的小项目。

第二节 研究思路与研究方法

一 研究思路

知识治理实际上是处理知识和组织之间关系的分析框架，故本书从知识属性和组织属性切入分析创新集群知识治理问题。根据已有研究成果，创新集群绩效取决于创新集群的知识库和联盟库，前者主要对应知识存量和知识增量，后者主要对应知识流量。既然如此，就需要明确：现存知识库的属性需要何种治理方式加以协调？经济上有用的知识如何生成？何种制度和秩序环境有利于知识生成和共享？知识增加和流动需要哪些组织实施？这些组织如何影响到知识动态？进而，知识、组织和制度三者之间的关系如何刻画？（参见图1-1）

二 研究方法

（1）文献分析法。分析现有研究成果，厘清创新集群和知识治理的研究传统，在前人的研究基础上推进本书的研究。

（2）案例研究法。案例研究方法相对于形式分析方法依然具有不可替代的作用，最重要的在于前者抽象和简化的程度较低，强调创新集群的演化过程和多种主体互动的丰富异质性。比较个案法是指在本书中将分析不同类型的创新集群、不同国别的创新集群。

（3）系统分析法。创新集群是简化的国家创新系统，也是一个动态的复杂系统；其特性在于其中知识、组织和制度的互动，知识和制度的共生演化是以组织为中介变量的。

（4）本书主要采用解释型的理论推导。按照纳尔逊的观点，理论推导可以划分为解释型理论推导和规范型理论推导，前者是指通过密切观察经济生活中的细微变化，从而对正在发生的事情做出描述，提出解释；后者更加抽象，更加远离经验议题，它能提炼、修正和引导解释型理论推导；如果规范理论在建立过程中忽视或脱离解释理论所做出的描述以及解释，那么无论规范理论是用数学表达还是用文字表达，都是有问题的①。

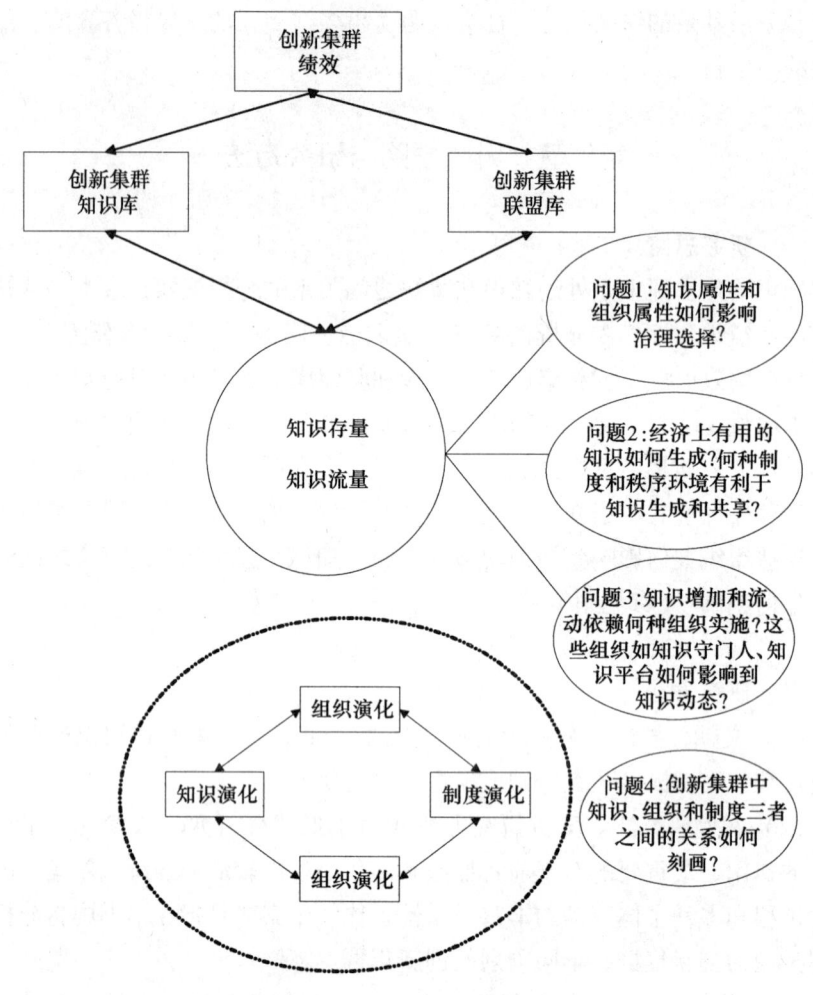

图1-1 创新集群知识治理研究思路

注：图下方虚线椭圆指创新集群。

---

① [美]理查德·R.纳尔逊：《经济增长的源泉》，中国经济出版社2001年版，第4—6页。

第三节 理论基础与概念界定

一 理论基础

显然,创新集群知识治理研究是一个跨学科的题材,也只能采用跨学科的研究路径。本研究涉及的主要理论基础如下:

(1) 知识理论。包括知识属性的研究,例如波兰尼有关默会知识和形式知识的理论;野中郁次郎等有关知识螺旋即形式化、联结化、内在化、共同化的运动过程;还包括有关知识经济学的研究,例如 Antonelli (1999, 2005, 2008)。

(2) 组织理论。包括组织行为学和组织经济学理论。Foss (2004) 指出对于知识治理这样的议题,需要合并组织经济学和组织行为学的研究能力,即将两个研究路径的知识联结化;研究知识治理问题,组织经济学尤其是交易成本和代理理论是重要的但是这些仍然不够,例如忽略了文化、利他行为、组织认同等类似现象,低估了组织成员通过分享知识和参与知识创造活动而贡献公共品的意愿,这些组织行为研究可以提供解释;但是组织行为研究的局限在于难以分析组织协议的成本和收益,包括组织知识过程的可选择方式的成本和收益。

(3) 治理理论。Antonelli (2003) 强调无论交易成本经济学还是企业资源理论都存在局限,前者很少关注组织知识,后者在新知识产生和累积方面不能有效解释组织要素发挥的作用。为此需要整合交易成本经济学和企业资源理论,给出技术知识和组织知识发挥中心作用的治理经济学分析框架。

(4) 创新理论。无论是地理空间维度的创新集群,还是技术经济空间维度的创新集群,都需要以创新理论为基础。包括创新系统理论如国家创新系统、区域创新系统,技术系统理论,学习理论以及创新经济学。

(5) 制度理论。创新集群的发展是一系列小事件的产物,这些小事件只能在相应的制度环境或者在一定的制度厚度 (institutional thickness) 中才可能发生。创新集群的发展承受宏观和微观两个层面的制度影响:宏观制度涉及国家或超国家的制度安排和制度变迁,例如加入 WTO;微观制度涉及某一具体区域的制度环境或一定的产业经济网络的制度安排和规制政策。

(6) 演化理论。创新和技术的发展是一个演化过程，创新集群的发展是一个更为系统、更为复杂的演化过程。作为简化的国家创新系统，创新集群是一个中观层面的产业经济组织；解释创新集群这种经济组织的生成、兴盛与衰落本质上也是解释其演化过程。具体到创新集群知识治理又牵涉到解释创新集群中知识、组织和制度的共生演化机制。

二 重要概念界定

由于本书涉及的理论概念众多，这里试图界定的都是内涵丰富甚至仍在争议未有定论的概念。通过选取或定义这些概念的一种含义，可以避免后文中的逻辑混乱。

(1) 创新。有关创新的多种定义参见傅家骥（1998），这里强调创新不仅仅只是技术创新，还包括组织创新、制度创新等社会创新[①]。

(2) 知识。知识的字源学考证参见汪丁丁（2000）；有关"知识是什么"的、从古希腊开始的考证参见野中郁次郎、竹内弘高（1995）；有关知识分类的详尽研究参见马克卢普（1973）以及 Knight 和 Howes（2003），这里不再赘述。

知识的界定采用 Knight 和 Howes 书中所述的定义："知识是个人用以解决问题的认知和整体技巧，包含理论和应用、日常规则及行动指南。数据和信息是知识的基础，但是，知识总是和人联系一起的。知识是由人构建创造的，表达了人对因果关系的认识。"[②] 或者采用野中郁次郎、竹内弘高（1995）对于知识的界定：知识是验证个人信念接近于"真实"的人际动态过程（a dynamic human process of justifying personal beliefs toward the "truth"）[③]。另外，这里强调知识是地方化的、局部的、动态的理解（understanding）过程。

(3) 知识治理。知识治理为治理知识过程，意即选择治理结构（如市场、混合形式和层级制）以及治理和协调机制（如协议、指令、奖励

[①] 我国社会和舆论对于技术创新的重视远远高于对于社会创新的重视。有学者对此进行了反思如金吾伦（2007）、徐晓林（2005）认为管理是第一生产力，汪丁丁（2005）认为制度、恰当的制度才可以称为第一生产力。

[②] ［英］汤姆·奈特（Tom Knight）、特雷弗·豪斯（Trevor Howes）：《知识管理——有效实施的蓝图》，清华大学出版社 2005 年版，第 17—19 页。

[③] ［日］野中郁次郎、竹内弘高：《创造知识的企业：日美企业持续创新的动力》，知识产权出版社 2006 年版，第 67 页。

计划、动机、信任、管理模式、组织文化等）旨在顺利地（favourably）影响知识创造、转移和分享的过程（Foss et al., 2003）。

（4）创新集群。有关创新集群的多种定义，参见马颂德（2006）、钟书华（2008），以及王福涛（2009）的博士论文中对于国外创新集群概念的考察。在前人研究基础上，**本书对于创新集群的界定是：创新集群是以新知识生产、新产品大量出现为本质特征的创新型组织（创新型企业、各种知识中心和相关机构）在地理空间上集中或者在技术经济空间中集聚，并且与外界形成有效互动结构的产业组织形态。**

第四节　本书的主要内容与结构安排

本书分为九章。

第一章主要阐述了研究背景、问题陈述、研究意义、研究思路、研究方法、理论基础、重要概念界定以及本书结构。

第二章是文献综述，致力于考察创新集群知识治理能否成为一项新的研究议题。为此，从哈耶克的知识问题开始，考察了企业理论的发展脉络以及国内外创新集群研究进展。

第三章是本书研究的起点，无论是"思"还是"写"都是起点；始于在众多文献中整理创新集群的研究谱系，从中发现地理空间和技术经济空间两个分析维度的创新集群，指出两个维度下的研究不可偏废。在这些工作的基础上结合创新集群概念的梳理考察以及创新集群实践案例，本书得出创新集群具有新知识生成、新产品创造的本质含义。正是如此才引向了知识治理的研究。

第四章是致力于回答是什么因素影响创新集群知识治理的机制选择，文章从知识属性和组织属性两个角度入手构建了创新集群知识治理机制选择的模型。

第五章具体分析了不同秩序环境下通过知识平台实现知识螺旋的运动过程。

第六章涉及创新集群知识治理的实施主体，即创新集群中的组织构成、桥梁组织的连接功能和创新功能以及组织的发育路径。

第七章在第五章和第六章的基础上，致力于回答创新集群中知识、组织和制度三者之间的关系，进一步分析了创新集群中知识、组织和制度的共生演化机制。

  第八章致力于回答既然创新集群不可复制，那么制度如何学习的问题；基于创新集群中知识、组织和制度的共生演化关系、后发国家的国情，如何提炼出一个涉及知识治理的公共政策纲要。

  第九章是结论，主要是总结和展望。

第二章 文献综述：从知识问题到创新集群知识治理

国外知识治理研究刚刚萌芽和孕育，处于组织理论的研究前沿。国内外现有研究还没有明确地将创新集群知识治理作为研究的议题；创新集群中知识是如何被组织和协调以及为何如此组织和协调的问题没有得到应有的重视。而国外集群的知识研究主要涉及知识活动如创造、传播、知识节点等。在制度和秩序层面考察集群知识活动的研究还很不充分。因此这里提出的问题是创新集群知识治理能否成为一项新的研究议题。为此，本书追溯理论源头从哈耶克的知识问题开始，梳理了企业组织理论发展的简洁脉络；然后考察了创新集群框架下讨论知识治理的恰当性和可能性，前者旨在说明创新集群的本质含义如何契合知识主题，后者重点讨论现有创新集群研究提供的思想资源是否足够；接下来讨论了创新集群知识治理的研究主题和如何开展研究；最后考察了国内对于创新集群、知识治理以及产业集群治理的相关研究现状。

第一节 从知识问题到知识治理

由于知识和组织之间的深刻关系未能充分考察才促发了知识治理的研究，它是研究组织和知识之间关系的深化，是企业理论发展的必然结果。

一 知识问题与企业理论的思想起源

经济学中真正提出知识问题的是哈耶克（1937，1945）；虽然斯密（1776）论及了机器的发明和工人的技能；李斯特（1841）反对斯密自由贸易理论、提出了重视教育和培训体系、提高劳动者能力的思想，从而为德国和美国赶超英国提供了思想储备。马歇尔则声称"知识是我们最强大的生产引擎；它使我们能征服自然和迫使它满足我们的需求"（Fransman，1998）。但是哈耶克认为应该将知识问题和知识分工置于经济学的中心位置；指出知识是分散在个体中的因而知识也是具体场景下的特殊的知识，不可能经由个人或权威机构加以全盘集中。哈耶克整个分析逻辑起点就是其认知理论和知识理论，分散知识和构造性无知是其知识理论的主要内容；由于构造性无知、知识的分散性所以知识创造不能经由个人或权威机构全盘集中；那么社会治理必须使用一些普遍的、抽象的规则并尊重自发秩序，秩序范畴包括组织秩序和自生自发秩序；而自发秩序是经历长期演化、汇聚千百万人点滴智慧逐渐形成的、非个人能力所及。

哈耶克所谓知识的分散性思想属于知识的属性研究，指的是知识本质上是分散在个体和情境中的。根据知识的字源学考证，知识词根是"gnoo-（knowledge）"；这个词根在希腊时代存在三种含义，第一是私人性的、亲切的；第二是记忆的、专家意见；第三是系统的和科学的；其第一种含义恰恰支持了局部知识（local knowledge）的表述（汪丁丁，2001）。哈耶克的知识分散性思想其实也是第一种含义的延伸，知识正是具有私人性属性才处于分散在个体和情境中的状态。人类学中在20世纪八九十年代地方性知识或局部知识（local knowledge）的研究非常流行，或许可以认为其思想源头之一就是哈耶克。

哈耶克认为知识只会作为个人知识而存在，所谓整个社会的知识只是一种比喻。知识分散性是居于个体认知局限而言的，个体无法掌握知识的全部；但不意味着所有知识都不可以加以整理并储存在一个平台。所以迈克尔·波兰尼（1958，1966）关于编码知识和默会知识的属性分析具有了重要理论价值。借助于编码知识和默会知识的分类可以推断：经过编码的存量知识和增量知识可以加以有效整合；不能加以编码的默会知识依然处于分散化状态；但是无论是存量知识和增量知识都必须经过认知主体理解之后才能加以整合。

哈耶克的构造性无知思想向前追溯是洛克和休谟等哲学家"人之行动而非设计的结果"的思想源头；在同时代稍前是奈特（1921）所谓认知上面临的深刻不确定性思想；在同时代稍后是西蒙（1945）有限理性的思想。正如哈耶克所认为无知是绝对的、是构造性的，所以人之认知所面临的不确定性是不可避免的；于是奈特认为正是这种深刻不确定性所以才衍生出组织如企业，企业就是因为规避不确定性而生成，因为企业中包括各种资源、包含多样化的能力所以才具有更好地规避不确定性的可能。西学中关于理性的思想可以分为三类：唯理主义（科学主义）、非理性（如意识流）以及理性不及（邓正来，2000）。其中理性不及具有事物的发展、秩序的生成等非个人能力所及的意涵即人之行动而非人之设计的结果。显然哈耶克继承了理性不及的思想，但是相对西蒙，哈耶克是从历史大尺度上得出的结论；西蒙是从人的认知心理和生理基础方面得出人的理性是受到自身心理和生理基础所局限的。西蒙有限理性思想一方面作为威廉姆斯交易成本理论的假设前提，另一方面也是纳尔逊和温特（1982）演化思想的思想源泉之一。而科斯（1937）的论文由于提出企业为什么存在、什么是企业边界的命题而开启了企业理论，但是据科斯自述是受到了奈特思想的启发。因此，哈耶克、奈特和西蒙三人的思想不仅在逻辑上存在通道，而且三者都是企业理论的思想起源。

二 企业契约理论：组织和成本的关系

理论的价值不仅在于它得出了什么结论更重要的是它提出了什么问题以及它的生题能力。爱因斯坦说过提出问题比解决问题重要，理论的生题能力使得科学能够根据已有理论不断生发新的问题，从而向前推进研究并扩大理论的解释域。企业理论在科斯之前并非其他学者没有论述过，德姆塞茨（1988）声称从1776年到1970年，改变经济学家观点的有关企业理论的著作似乎只有两部，奈特的《风险、不确定性和利润》（1921）和科斯《企业的性质》（1937）。科斯（1937）的最大意义在于两点：一是在奈特的基础上继续追问组织（企业）为什么会存在？二是使用了独特的交易成本和雇佣合约视角；前者启发了后来学者一次次的探索，后者开启了交易成本分析学说和契约理论的先河。

企业的边界问题也是自制还是外购的问题。科斯（1937）的解释是在边缘点上企业内部组织交易的成本，或者与另一家企业组织此交易成本相等，或者与价格机制组织此交易的成本相等。即在边缘点上企业自制的成本，或者与另一家企业自制的成本相等，或者与外购的成本相等。需要指出，企业内部组织交易的成本等同于自制成本；不能笼统地认为科斯在企业存在性问题和企业边界问题上所使用的成本概念都是交易成本。如果说科斯在企业存在性问题上使用的成本概念是交易成本即发现相关价格的成本、每一笔交易的谈判费用和签约费用等；那么在企业边界问题上使用的成本概念不仅仅是交易成本而是总成本，尽管总成本这一点科斯没有明确说明。科斯指出如果 A 接手 B 所有生产程序，只有 A 组织 B 工作的成本不大于 B，并且数量等于公开市场完成此交易的成本时，A 才可以接手 B 全部的组织。德姆塞茨（1988）将交易成本和管理成本定义为通过市场和在企业内部组织资源所花费的成本，并指出内部生产并不等同于完全取消交易成本，外购也无法消除管理成本。因此如果在科斯的框架下要提出的正确问题并不是管理成本大于还是小于交易成本，而是内部生产所产出的管理成本和交易成本之和，是否大于还是小于从市场上购买所产生的管理成本和交易成本之和，因为每一选择都必须有相应的成本支出。自制还是外购，所依据的不仅是交易成本还有管理成本和生产成本。因此，科斯在企业边界问题上使用的是总成本概念。

这个总成本概念为其后企业理论的其他脉络如企业资源论、企业能力论等埋下了伏笔。因为一旦接着追问如下问题就立即涉及企业资源和能力：为什么企业 A 和 B 生产同样的产品但是总成本不同？如果企业 A 和 B 生产同样的产品但是总成本不同，A 和 B 能够共同存在以及为何会共同存在？或者为什么 A 可以生产而 B 不能？继续追问下去可以发现科斯（1937）的理论假设。如果 A 可以生产而 B 不能，那么 B 组织生产的成本高不可攀只有向 A 购买；但是 A 一定会把 B 不能生产的产品卖给 B 吗？由此可以发现科斯的理论假设之一是所需要的产品可以在市场上购买到，不涉及垄断和策略行为。

假设 A 拒绝把 B 不能生产的产品卖给 B，那么按照科斯的总成本理论 B 自制的成本一定高于 A 组织产品的成本；但是 B 是否一定会选择收缩战线和缩小相关业务领域，B 是否一定不会自制，B 是否会通过学习而自己制造？我国自主研发的真空内波荡器颇能说明这个问题。真空内波荡器是最先进的光源技术之一，我国从未研制过；2006 年年底全球招标将订单给了国外一家公司（下称 A）；但是 A 提出延期至 2009 年 6 月以后交货，但是上海光源工程按照计划应该在 2009 年 4 月就完成。被逼上梁山，此前没有下决心但现在只有自己研发，历时一年，研发成功！由于上海光源需要十几台真空内波荡器设备，自主研发反而降低了成本，但是这个成本是长期成本。由此发现科斯（1937）企业边界的思想和比较优势理论存在很多相似之处：都是静态分析，都考察短期收益和成本，没有考虑到学习过程，更没有考虑到突变。

假如 B 致力于收购 A 的一个品牌,而不是一个生产程序;考察外购品牌与自制品牌的成本大小需要注意两点:一是必须在长期中进行、短期无法衡量成本大小;二是品牌是独特资源,B 自制一个品牌即使耗费了广告费、时间等成本但是那依然是 B 的品牌而不是致力于收购 A 的品牌,即 A 品牌的独特性需要加以衡量。由此需要指出,科斯的考察着眼于成本忽略了收益考虑;如何验证科斯企业边界理论也值得注意。按照科斯的思想,指出企业 B 自制的成本大于外购的成本 B 就应该外购而非自制。那么为什么会存在 B 企业相同产品自制一部分又外购一部分呢,答案是 B 企业自制加上外购的总成本小于外购的成本。推到尽头,含有"存在的即为合理"的意蕴。

威廉姆斯将科斯的交易成本思想引向了交易成本经济学方向,提出了市场和科层制的两分、基于不确定性、交易频率和资产专业性提出了治理理论框架。但是,威廉姆斯(1988)指出如果企业是一种治理结构,那么企业边界由一个针对企业提供有用的组织功能的能力来设定,因此企业的比较交易成本节约理论必须与企业的技术理论同时产生。

三 企业能力和知识理论:组织与知识的关系

上述问题的追问已经涉及组织异质性的考察;换言之涉及了企业理论的资源基础论和能力理论。企业资源基础论主要关注企业竞争优势和多样化经营,它以两个基本经验归纳为出发点:在资源控制程度上企业间存在系统性差异,而这些差异对实施企业战略至关重要;企业间的这些差异相对稳定地存在着(刘辉锋,2008)。刘刚(2004)指出企业能力理论的直接思想来源是彭罗斯和理查德森的研究,将企业视为生产性知识集合;企业能力理论可以划分为两个分支,(1)从知识和能力的角度考察企业组织的成长和演变,把企业组织的发展视为知识积累的过程[如 Nelson and Winter (1982), Demsetz (1988), Teece, Pisano and Shuen (1990), Parahalad and Hamel (1990)];(2)从知识和能力角度考察企业间合作生产的组织形式(产业组织)对生产效率和企业竞争力的影响,这些组织形式被视为企业知识成长的协调体系[如 Loasby (1996), Porter (1990), Krugman (1991)]。

霍奇逊(Hodgson, 1999)将企业理论分为两大类别:基于能力的理论和契约理论。企业的契约理论包括阿尔钦和德姆塞茨、法玛、哈特以及交易成本如科斯、威廉姆斯；基于能力的企业理论可以追溯到斯密、马克思、奈特、彭罗斯以及演化理论如纳尔逊和温特；试图综合契约和能力这两种方法的是蒂斯（Teece）、朗格卢瓦（Langlois）。霍奇逊（Hodgson）还指出了企业契约理论的主要问题：（1）既定的个体假定，忽视了契约和交换的局限以及非契约关系尤其是忠诚和信任的必要性，忽视了根本的个体转变和发展过程，尤其是学习概念；同时也排除了组织学习和群体知识之类的概念；（2）对企业的分析被简化为个体之间的契约，经常涉及交易成本的最小化但是忽略了技术和生产，因此，在评价治理模式时生产成本和技术的解释性作用被忽略掉了；结果强调的不是生产、积累和增长而是治理结构的选择和给定资源的有效配置；（3）集中于比较静态的分析，导致对动态方面分析不足，在学习、创新和技术发展方面尤其如此。威廉姆斯（1988）也承认尽管他在一定程度上把组织结构看作是生产成本和交易成本总和最小化的结果但是他的兴趣只在交易成本上（刘辉锋，2008）。概言之，契约理论框架下无法有效处理学习、生产和知识等重要议题。

Fransman（1998）基于信息和知识的不同把企业理论分为两大类：作为对信息问题自然反应的企业和作为对知识自然反应的企业。主张前者的学者有阿尔钦和德姆塞茨（1972）、科斯（1937）、詹森和迈克林（1976）、西蒙（1957，1959，1961）和威廉姆斯（1987）。无论是监督问题还是代理问题都是以不对称信息为前提，科斯的思想也不例外。科斯的成本比较方法中存在大量的信息成本，按照科斯观点，信息的可利用性和成本是企业存在的主要决定因素。在威廉姆斯认为机会主义是一个核心概念，由于机会主义才引致了不对称信息问题。

主张后者的学者不仅将企业视为对信息相关难题的回应，而且将企业视为一种知识储藏室，如纳尔逊和温特（1982）、彭罗斯（1959）、钱德勒（1990）、马歇尔和蒂斯等（1990）。特别值得指出的是纳尔逊和温特（1982），他们详细研究了技能和惯例并指出组织中个人依赖运用记住技能而组织依赖运用记住惯例；一个组织的活动惯例构成该组织专门操作知识的最重要形式。另外，德姆塞茨（1991）对于企业理论的再考察可以视为将企业成本论和知识论的一种综合；他指出一些文献尽管将获取交易信息和管理信息视为有成本的但是却暗含假定获取生产信息是免费的，进而认为经济组织包括企业必须反映一个事实即生产、维持和使用知识是有成本的；他将企业视为一个关于技术、人员和方法的买卖关系的集合并认为行业和其中的企业可以视为专业化知识和与之相匹配的专业化投入要素的大仓库，并指出企业的纵向边界由维持知识支出的经济因素决定。

表 2-1　　　　　　　　　　企业理论发展的简洁脉络

关系	理论	问题
组织与不确定性	奈特企业理论	企业为何存在
组织与成本	科斯开创的交易成本理论、企业契约理论	为什么存在企业、企业的边界在哪
组织与知识	企业能力理论；企业知识理论	企业为何存在；企业差异的根源；企业是知识储藏室
	知识治理理论	制度和组织如何影响知识生产、利用

由以上分析可以概括出组织理论发展的简单线索（参见表2-1）：将组织与成本联系起来的是交易成本理论（科斯）；将组织与资源、能力联系起来的是企业资源和能力理论；而组织与知识的连接，作为知识储藏室的企业理论是一个开始。如果以问题为主线可以推出如下逻辑线索：组织（企业）为何存在？因为奈特（1921）的不确定性和科斯（1937）的交易成本。企业的边界在哪？取决于边缘点上自制与外购的成本比较。组织为何具有异质性即为什么企业A和B生产同样的产品但是总成本不同？为什么A可以生产而B不能？是因为企业具有资源和能力的异质性；能力从何而来？资源除了地理、温度等自然因素外，无形的独特资源和能力又以知识为内核；也即组织异质性的一个重要来源是组织知识或组织中个体知识的异质性。那么知识又从何而来？这是一个深奥的问题。知识依赖于秩序，有什么样的制度就有什么样的知识（哈耶克，1945，1946，1960，1973；汪丁丁，2005）。一方面，知识的独特属性需要相应的被组织和被协调的治理方式；另一方面，组织设置和技术规则等制度又会显著影响知识活动的绩效和知识异质性；这便是知识治理的内在逻辑。

第二节　创新集群框架下讨论知识治理的恰当性与可能性

在创新集群框架下讨论知识治理问题需要回答两个问题：恰当性问题

包括在创新集群层面上讨论知识治理是否恰当、创新集群本质含义与知识治理问题是否契合；可能性问题，即在现有研究条件下讨论知识治理问题是否可能，现有研究积累了哪些可取的思想资源。

一 创新集群框架下讨论知识治理的恰当性

知识治理虽然由企业理论发展而来但是 Grandori（2001）明确指出知识治理的研究不仅包括企业内部还包括企业之间的考察；而且 Grandori 认为知识流动更多的是发生在企业与企业外部的关联节点上[①]。知识治理就其本义即对于知识的组织和协调，既可以适用于企业层面，也可以适用于中观如集群层面，还可以适用于国家层面，Mariussen、Nordrergio 和 Asheim（2003）就是在国家层面（the national level）上讨论知识治理政策的[②]。因此在集群层面考察知识治理是恰当的。

恰当性问题还涉及创新集群本质含义。作为简化的国家创新系统，创新集群与知识主题具有天然的联系：国家创新系统本身即为新知识和新技术生成、转化、扩散的相互连接的组织集合。创新集群可以视为是以新知识生产、新产品大量出现为必要条件的创新型组织（创新型企业、各种知识中心和相关机构）在地理空间上集中或在技术经济空间中集聚并且与外界形成有效互动结构的产业组织形态。离开了新知识生产、新产品大量出现这一必要条件，创新集群就无法称其为创新集群。创新集群本质上涉及大量知识活动，而这些知识活动的存在又需要考察其组织和协调的状况，因此在创新集群框架下探讨知识治理问题是顺理成章。

二 创新集群框架下讨论知识治理的可能性

可能性问题主要涉及三个方面的研究资源：除了知识治理研究之外还有企业知识活动和集群知识活动的研究进展。

（一）现有知识治理研究

知识治理（knowledge governance）这个词汇，据 Foss（2007）考证第

[①] Grandori, A. Neither hierarchy nor identity: knowledge-governance mechanisms and the theory of the firm. *Journal of Management and Governance*, 2001, 5: 381–399.

[②] Mariussen, A., Nordrergio and Asheim, B. T. New forms of knowledge governance. Basic outline of a social system approach to innovation policy. Paper to be presented at the DRUID Summer Conference. Copenhagen, June 12–14, 2003.

一次出现在 Grandori（1997）的文章中①。Grandori（2001）指出知识治理是对企业内和企业间知识的交换、转移和共享的治理。Foss et al.（2003）定义知识治理为治理知识过程，意即选择治理结构（如市场、混合形式和层级制）以及治理和协调机制（如协议、指令、奖励计划、动机、信任、管理模式、组织文化等）旨在顺利地（favourably）影响知识创造、转移和分享的过程②。Becker（2006）认为这个定义的关键在于"顺利地（favourably）影响知识创造、转移和分享的过程"；为了能够"顺利地影响"这个过程需要理解其因果机制③。Foss（2007）认为知识治理路径与组织经济学分享着基本的目标：考察知识交易和治理机制如何匹配。因此知识治理定义为配置治理机制以最大化知识创造、转移和分享过程的净收益。

知识治理的出现，Grandori（1997）认为源于现有治理理论的不足，令人不满之处在于：（1）对应于可以观察到的多样化经济，现有理论所描述和评估的治理形式的多样性过低；（2）可选择的基本治理结构被概念化的方式是非同质的，简化抽象的层级是非同质的。这样就对严格和清晰的评估创造了严重的障碍④。Grandori（1997）指出现有企业理论能否解释知识治理还不确定；她意识到知识治理机制的失败可能性。Foss（2007）认为源于现有组织研究中组织和知识之间的考察还存在很多研究空隙如忽视了微观基础以及知识管理文献中忽视了组织成本理念等。Antonelli（2003）则认为无论交易成本经济学还是企业资源理论都存在局限，前者很少关注组织知识，后者不能有效理解在新知识产生和累积方面组织要素发挥的作用；为此需要整合交易成本经济学和企业资源理论并给出技术和组织知识发挥中心作用的治理经济学分析框架⑤。Antonelli

---

① Foss, N. J. The emerging knowledge governance approach: Challenges and characteristics. *Organization*, 2007, 14 (1): 29 – 52.

② Foss, N. J. Husted, K., Michailova, S., and Pedersen, T. Governing knowledge processes: Theoretical foundations and research opportunities. Center for Knowledge Governance, Copenhagen Business School. CKG Working Paper, 2003, No. 1.

③ Becker, M. C. What is the role of virtues for governing knowledge? A management perspective. Konstanz, Germany, KleM, Working Paper, 2006, No. 16.

④ Grandori, A. Governance structures, coordination mechanisms and cognitive models. *Journal of Management and Governance*, 1997, 1: 29 – 47.

⑤ Antonelli, C. The economics of governance: the role of localized knowledge in the interdependence among transaction, coordination and production. University of Torino, Italy, Working Paper, 2003, No. 3.

(2005) 考察了知识的不同模式和治理系统问题；Antonelli (2008) 考察了大学在知识治理模式中的基石作用。而 Choi, Cheng, Hilton 和 Russell (2005) 以及 Cheng, Choi 和 Eldomiaty (2006) 基于人类学视角考察了跨国企业在处理知识转移的无形特性方面采取的三种治理结构，即交换、权利和礼物[①]。

（二）企业知识活动研究

企业知识活动的研究以 Nonaka 和 Takeuchi 为代表人物。Nonaka 和 Takeuchi (1995) 敏锐地发现有关经营型组织内部及组织之间知识创造的研究极其少见，这些理论只是关注既存知识的获取、积累及利用，缺少创造新知识的观念。为此他们构建了组织的知识创造理论框架，区分了知识创造的认识论和存在论两个维度，认识论是指对于默会知识和形式知识的划分，存在论维度是指各个层次创造知识的主体即个体、小组、组织和组织间；当默会知识和形式知识相互作用，并从存在论较低层次向较高层次动态扩大时，便出现了知识螺旋运动；知识创造理论的核心是描述这种螺旋究竟是怎样产生的；这涉及知识转换的四种模式即从默会知识到默会知识的共同化、从默会知识到形式知识的表出化、从形式知识到形式知识的连接化、从形式知识到默会知识的内在化；在螺旋过程中场是一个重要概念，意指促进成员间彼此经历和心智模式的场所。Nonaka, Toyama 和 Nagata (2000)[②] 研究了公司作为一个知识创造的实体，指出用于创造、使用知识的能力和知识是公司持续竞争力最重要的来源；分析了公司作为"Ba"的有机构成，"Ba"为知识创造提供能量、品质和场所；还考察了影响公司边界的其他成本如知识投入成本、机会成本和时间成本。

Nonaka 等人的研究为组织知识创造做出了重要贡献，但是也有局限。所有案例均是公司知识创造的成功案例，缺少对于失败案例的考察；虽然涉及组织间组织创造但是重点仍然集中在公司内部层面；另外，对于知识属性的考察仅局限于编码和默会知识，对于知识专有性、知识复杂性、知

---

① Cheng, P., Chong Ju Choi and Eldomiaty, T. Governance structures of socially complex knowledge flows: exchange, entitlement and gifts. *The Social Science Journal*, 2006, 43: 653 – 657. Choi, Chong Ju, Cheng, P, Hilton, B, and Russell, E. Knowledge governance. *Journal of Knowledge Management*, 2005, 9 (6): 67 – 75.

② Nonaka, I., R. Toyama and A. Nagata. A firm as a knowledge-creating entity: a new perspective on the theory of the firm. *Industrial and Corporate Change*, 2000, 9 (1): 1 – 20.

识公共品或俱乐部产品等属性没有深入考察。

（三）创新集群知识活动的研究进展

现有创新集群知识活动的研究进展为开展创新集群知识治理的研究积累了一些理论资源。概括起来，创新集群知识活动的现有研究存在如下四种思路。

（1）后发国家创新集群培育过程中知识的角色。Lee（2003a）[①] 指出韩国创新集群的三个发展过程：形成、扩展和整合阶段。生产集群和研发集群的形成本身并不能保证它们自动演进到创新集群。为了演进到创新集群，它们需要发展网络关系、生产和研发活动必须连接起来。在整合阶段集群中的企业尽力构建网络，不仅和公共研发机构和大学连接，也和集群外其他企业连接。这个阶段知识被视为创造新产品、新流程和新服务的至关重要的因素。知识的创造、扩散和使用需要在增值链中扮演相应功能的各种主体的整合。Lee（2003b）[②] 以韩国为案例基于 Nonaka（1994）知识生成理论研究了地区创新集群中的知识活动循环；并提出三个假说：区域生成的知识越多，越倾向于积极地分享知识；区域分享的知识越多，越能够有活力使用知识；区域生成的知识越多，越能够有活力使用知识。

（2）集群或产业区作为知识装置、知识库。Maskell（2001）[③] 研究了地理集群中的知识创造和扩散，指出地理集群构成了企业间未计划的、有机发展的机制，这种机制能够降低认知距离并因此降低知识转移和使用的成本；同时也维持了对于企业内和企业间创造新知识所必需的专业化。Belussi（1999）[④] 基于动态、知识和演化视角，认为产业区代表一种知识装置（knowledge device）并指出后马歇尔产业区的核心解释在于地方化主体之间知识创造、知识加强和知识传输的机制。

集群层面知识库（stock of knowledge）与获取专利水平存在联系

[①] Lee, K. Promoting Innovative Clusters through the Regional Research Centre (RRC) Policy Programme in Korea. *European Planning Studies*, 2003a, 11 (1): 25 – 39.

[②] Lee, K. Circulative linkages of regional knowledge activities: empirical evidence from the Korean case. *Perspectives on Global Development and Technology*, 2003b, 2 (2): 237 – 254.

[③] Maskell, P. Knowledge creation and diffusion in geographic clusters. *International Journal of Innovation Management*, 2001, 5 (2): 213 – 237.

[④] Belussi, F. Accumulation of tacit knowledge and division of cognitive labour in the industrial district/local production system. Paper presented at the conference "Evolution of Industrial Districts", Jena, 1999.

（Beaudry and Breschi，2003）。集群层面知识库能够影响到更高的潜在外部性而且在相同规模条件下集群层面异质性源于其知识库的差异[①]。产业区中的知识状态是一种场景知识（contextual knowledge）；场景知识将地方默会知识部分和外部生产的编码知识片段混合在一起；默会知识的积累是场景知识概念的中心（Belussi，1999）。成功的知识管理首先需要外部知识的重新场景化（旨在恢复故态和解码创新）；然后需要将新知识的操作编码进入公司的能力和组织惯例（Antonelli，1999）。场景知识的本质是与系统的空间边界相联系的；场景知识不可能完全表出化；空间接近和知识分享的社会机制有利于它的地方传播；但是不能指望产业区累积的所有场景知识都进入全球网的通道；一些重要部分如程序知识（procedural knowledge）、关系知识（relational knowledge）和嵌入在人和地方组织中的知识从不能越过产业区边界的围墙（Belussi，1999）。

（3）位置与接近对于集群知识生成和交流的意义。位置依然重要，但是这个位置并非指永久性同处一地，接近也并非只有依靠地理接近。Rychen and Zimmermann（2008）[②] 指出地理邻近的经济主体同处一地并非协作的充分条件；更重要的是理解公司如何以及为什么构建连接、连接结构如何对同处一地的主体产生意义或没有产生意义？产业和创新绩效在何种程度上依赖于经济主体持久地同处一地？Cole（2008）[③] 指出所需要的不是永久性同处一地（permanently co-located），而是需要在一些时点同处一地。

既然不需要永久性同处一地那么如何在开放系统中实现知识流动呢？Maskell，Bathelt 和 Malmberg（2005）以及 Cole（2008）提出了临时性邻近（temporary proximity）或临时性集群（temporary clusters）的概念；主要是指贸易集市或商品交易会、展览、会展中心和各种会议。Bathelt 和 Schuldt（2008）[④] 专门研究了国际贸易集市作为临时性集群（temporary

---

[①] McCann，B. T.，and T. B. Folta. Location matters: where we have been and where we might go in agglomeration research. *Journal of Management*，2008，34（3）.

[②] Rychen F. and Zimmermann J. Clusters in the global knowledge-based economy: knowledge gatekeepers and temporary proximity. *Regional Studies*，2008，42（6）：767 - 776.

[③] Cole A. Distant neighbours: the new geography of animated film production in Europe. *Regional Studies*，2008，42（6）：891 - 904.

[④] Bathelt H. and Schuldt N. Between luminaries and meat grinders: international trade fairs as temporary clusters. *Regional Studies*，2008，42（6）：853 - 868.

clusters）对于互动学习和知识创造的重要作用。Torre（2008）[①] 认为地理邻近对于知识转化而言仍然是必要的，但是短期或中期互访对于合作者之间的信息交换往往已经是充分的。邻近（proximity）存在五种维度：地理邻近、认知邻近、社会邻近、组织邻近和制度邻近；各种主体视其资源和环境利用相应的邻近模式[②]。因此仅仅具有地理接近而没有形成社会接近、组织接近、认知接近和制度接近并不能保证有效的知识转移和学习过程。Cole（2008）指出永久性地理接近仍然扮演着重要角色但是它并非创新活动成功的充分条件、也不能独自确保生产集群的成功；但是也不能由此认为距离已经"死亡"，创新和知识转移并不总是可以在地理接近缺失条件下通过长距离互动实现。科学人员可以依靠认知邻近和基于关系的组织接近实现知识交流但是面对面的交流依然不可替代；因此就凸显出了临时性地理接近的重要性。

（4）集群地方—全球互动结构和知识守门人作为互动节点的讨论。Rychen 和 Zimmermann（2008）认为应该拓展集群的含义：在何种程度上它把互动结构视为限定在有限地理范围内仍然是切题的？Bathelt，Malmberg 和 Maskell（2004）[③] 指出"默会等于地方"和"编码等于全球"的简单模型遭到了质疑；应该强调默会知识和编码知识在地方和全球交换的条件；尽管集群内存在有利于企业学习的、马歇尔的"产业空气"和地方化的蜂鸣信息（local buzz），但是如果认知距离过大或知识基础太过不同，企业间学习将会停止；那么企业会寻求构建外部联系以获取所需的知识；因此集群互动结构可以视为地方蜂鸣信息（buzz）和全球管道（pipelines）的结合。Maskell，Bathelt 和 Malmberg（2005）强调利用临时集群构建全球管道（pipelines）的意义。Bresnahan，Gambardella 和 Saxenian（2001）也指出理解成功集群兴起的关键在于集群关系的开放性和对大型外部市场的主动探寻。

而在这种地方—全球互动结构中互动节点主要是起到知识生成、扩散

[①] Torre A. On the role played by temporary geographical proximity in knowledge transmission. *Regional Studies*, 2008, 42（6）: 869 – 889.

[②] Boschma R. Proximity and innovation: a critical assessment. *Regional Studies*, 2005, 39: 41 – 45.

[③] Bathelt, H., A. Malmberg and P. Maskell. Clusters and knowledge: local buzz, global pipelines and the process of knowledge creation. *Progress in Human Geography*, 2004, 28（1）: 31 – 56.

和转移功能的知识中心。这种知识中心存在很多形式，Albino et al. (1999) 研究了领军 (leader) 企业在产业区中知识转移和公司间关系的角色。Rychen 和 Zimmermann (2008) 指出地方和全球关系之间的接口 (interfaces) 是集群的关键特征；这种接口称之为知识守门人，其功能是连接集群内外部网络、吸收外部知识并转化和扩散为地方能够理解的地方知识。Wink (2008) 研究了知识生产不同阶段所需的不同类型守门人；知识生产阶段对应的是具有个人联系并组织期刊、会议和共同研究的研究者；知识检测的守门人是带有个人连接和技术标准经验的被整合进入国际团队的研究者；知识开发阶段的守门人是与 R&D 和销售协议相连的研究型企业和机构。Morrison (2008) 指出领军公司虽然具有获取外部知识的能力但是它们或许不具有在产业区内分享的意愿；因此领军公司成为知识守门人需要满足三个功能：搜寻和掌握外部来源；解码并输入企业内部；分享，包括通过个人和非正式机制的分享和基于正式协议的商业关系或合作。但是大企业或领军企业不是知识守门人的唯一形式，不仅客观的认知距离而且企业主观的动机也会阻碍知识转移。Bell 和 Albu (1999)[1] 指出大公司在生产系统中扮演重要的角色然而在知识系统是否也能够扮演重要的角色如知识守门人则并不明确；在集群知识系统中技术支持组织或许扮演重要的知识守门人角色；技术支持组织可以是公共机构、集体创建的组织如企业协会或有偿服务的商业组织。

同时，创新集群知识治理研究的可用思想来源还有区域创新系统中的知识活动研究[2]以及高科技环境或区域中的默会知识、集体学习研究等[3]。

以知识为中心展开的研究有欧洲创新环境、技术系统、创新系统和创新集群等理论 (Lawson, 1997; Carlsson, 1995; OECD, 2001)；而经济

---

[1] Bell, M. and M. Albu. Knowledge systems and technological dynamism in industrial clusters in developing countries. *World Development*, 1999, 27 (9): 1715 – 1734.

[2] Cooke, P. Regional innovation systems, clusters, and the knowledge economy. *Industrial and Corporate Change*, 2001, 10 (4): 945 – 974. Asheim, B. T. , L. Coenen. Knowledge bases and regional innovation systems: comparing Nordic clusters. *Research Policy*, 2005, 34: 1173 – 1190.

[3] Capello, R. Spatial transfer of knowledge in high technology milieux: learning versus collective learning processes. *Regional Studies*, 1999, 33 (4): 353 – 364. Lawson, C. , E. Lorenz. Collective learning, tacit knowledge and regional innovative capacity. *Regional Studies*, 1999, 33 (4): 305 – 317. Keeble, D. , et al. Collective learning processes, networking and institutional thickness in the Cambridge region. *Regional Studies*, 1999, 33 (4): 319 – 332.

地理、产业区研究虽然仍然主张区域、位置、接近的重要意义但是也把视角转向了知识（Feldman，2003；Maskell，2001；Bathelt，Malmberg and Maskell，2004；Torre，2008）。这都为开展创新集群知识治理研究创造了条件。

第三节 国内创新集群及相关研究文献综述

创新集群知识治理是一项新的研究议程，就目前所掌握材料，国内外还没有出现把创新集群和知识治理两者对接、融合的研究。鉴于此，国内创新集群的知识治理研究综述只能讨论相关文献，具体内容包括国内知识治理研究现状、国内创新集群研究现状、国内产业集群中知识主题研究、以及国内集群治理研究思路。

一 知识治理研究现状

知识治理在国外也是刚刚萌芽和孕育，处于研究的起步阶段；从已经发表的正式出版物算起，被学者引进国内也是自 2007 年开始，国内学者的工作主要是引介和述评，主要有两种研究思路。第一，知识治理的抽象理论分析，任志安（2007）分析了知识治理的出现必要性、述评国外文献并给出知识治理研究框架；王健友（2007）在梳理国外文献基础上分析知识治理的起源以及是否可以作为一个独立的研究方向，并给出了研究展望和研究切入点；李颖（2007）探讨了治理新进展并把知识治理作为新的研究维度，周贺来（2008）基于知识治理视角分析知识黏性消弱的对策。第二，对于知识型企业的知识治理研究，孙锐、赵坤（2008）侧重于知识型企业的知识状态系统研究了相应的知识治理模式。李维安（2007）将知识治理分为知识型组织的治理和作为一般治理安排的知识治理两者类型，在《南开管理评论》主编寄语上呼吁开展各种层次的知识治理，因为它是知识经济时代探索以知识创造为核心的企业组织机理的重要课题，具有重要的理论价值与实践意义。

二 创新集群研究现状

新中国成立以后创新研究由厉以宁和张培刚两位学者于 20 世纪 80 年代最早引入国内。进入 90 年代周振华（1991）基于熊彼特创新理论研究了产业结构成长中的创新扩散和集群，根据现有资料，周振华很有可能是国内第一个利用创新扩散和集群研究产业结构升级的学者。柳卸林（1993）综述了自熊彼特至 DeBresson 的创新集群思想；杨洸、雷加骕（1994）给出了国外创新集群的研究述评并讨论了创新集群的政策含义；然后至傅家骥等（1998）专辟一章讨论了创新集群的几种分类、各种类型创新集群所对应的集群经济。

进入 2000 年以后，国内创新集群研究可以划分为如下几种思路。第一种思路是整体抽象分析创新集群概念和现象，其代表文献有肖广岭（2003），钟书华（2007，2008）。其中肖广岭（2003）指出了创新集群的含义并多次强调从产业集群演化到创新集群的政策含义，钟书华（2008）考察了创新集群的概念流变以及在 OECD 基础上给出了创新集群的完整定义，即创新集群是由企业、研究机构、大学、风险投资机构、中介服务组织等构成，通过产业链、价值链和知识链形成战略联盟或各种合作，具有集聚经济和大量知识溢出特征的技术—经济网络。钟书华（2007）指出理论上创新集群与创新型国家之间存在逻辑关联、实践上创新集群是创新型国家的基础；培育创新集群需要注意其发展阶段，我国创新集群还处于萌芽期和生长期，在创新型国家建设中创新集群的培育重点是具有一定竞争优势、处于生长期的创新集群。王福涛、钟书华（2009）指出创新集群是当代科技、经济一体化的主要形式。田桂玲（2007）讨论了区域创新链、创新集群和区域创新集群之间的关系。试图对创新集群加以分类研究的文献有骆静、聂鸣（2003）。

第二种思路是结合中国高新区研究创新集群。代表文献有张景安等（2002）结合硅谷经验研究了创新集群的形成和创业精神，是国内结合高新区发展论述创新集群的最早的著作之一。马颂德（2006）将创新集群定义为由基于一定地域的企业、大学、研究机构、专业科技服务机构等组成的，并能通过畅通的渠道聚集、开发、利用地域内外的各类创新资源，不断向外转移高新技术和推出高新技术产品、服务的网络；并且指出发展创新集群是实现国家高新区"四位一体"目标的重要途径。值得注意的是，马颂德（2006）给出了创新集群和产业集群的四个区别：一是产业集群追求生产力的提高、推出有竞争力的产品而创新集群不仅推出产品还推出高新技术；二是产业集群有传统的产业集群，主要以生产链为纽带，聚集生产资源，而创新集群是以价值链为纽带，聚集创新资源；三是产业集群内合作模式简单而创新集群内合作模式多元；四是产业集群是相对粗糙的集群形式、对集群外的经济、科技辐射力较小，而创新集群是一个创新的源泉，可以带动周边区域的繁荣。该区分正确地指出产业集群分析焦点集中在生产而创新集群集中在创新，但是在知识系统、学习过程和创新过程等方面的区分没有深入研究。王缉慈（2004）指出集群可以分为两大类：基于创新的集群和低成本的集群；所谓低成本的集群是指其参与竞争的基础是低成本，这种集群内信任度低；所谓创新性集群或创新集群（innovative clusters）是区别于低成本的产业集群（或低端道路的产业集群）而言的，即是指创新性的产业集群或基于创新的产业集群；王缉慈（2006）指出什么是创新集群、为什么要有创新集群、高新区如何培育创新集群这些问题都需要深入思考。梁桂（2005）指出要加大火炬计划的投入力度，主要用于国家高新区等以创新集群为目标的载体建设。曹健林（2007）指出我国高新区要实现从要素驱动到创新驱动发展模式的转变，实现国家高新区的新跨越，必须大力培育创新集群；创新集群的形成和发展与创新载体的建设和功能作用密切相关。

第三种思路是基于传统产业和产业结构升级的创新集群研究。如宁钟（2003）考察了创新集群的聚集经济、知识溢出和技术多样性特征，并分析了产业结构演进过程中的技术能力和生产能力。梅丽霞等（2005）指出我国传统产业中大部分尚处于生产要素导向阶段；传统产业有两个升级路径，一是产品深加工、延长产品链；二是开发新产品、创造对传统产业的新需求；并且认为创新集群为我国传统产业的优化升级和持续发展提供了新思路。苑全驰（2006）认为从产业集群到创新集群是集群经济发展的方向，产业集群最终发展道路是走基于高端和创新的发展道路，应以推动产业集群向创新集群转型为核心，做好产业集群发展的政策设计，促进产业集群和科技集群创新互动发展；而推动产业集群向创新集群转型就必须最大限度地发挥产业集群促进技术扩散和技术渗透的作用，建立有利于企业集群创新的机制。梁桂（2005）指出需要同等重视的我国自主创新的两大政策着力点是创新企业和创新集群；前者强调育苗后者强调造林；因此政策设计需要从注重单一企业的技术创新向推动产业集群创新的转变，即从植树到造林的转变，打造我国高新技术产业创新集群，形成体现国家竞争力的商业化、生态化创新森林组织。梁桂（2005，2006）认为虽然低端产业也能顺利地进入到全球价值链，完成第一轮的经济发展，但是由于上游对下游企业封锁的不断加剧，下游企业难以发展；突破封锁的关键在于强化自主创新，大量中小企业经由创新网络形成创新集群；传统产业结合自主创新也能形成创新集群，从而使传统产业迅速发展。王德禄（2007）指出中国传统产业集群升级路径将经历区域一体化整合、价值链全球整合、价值链虚拟整合三个阶段；王德禄（2008）指出作为重要驱动力，国际化、本地化、市场驱动和政府驱动将同时作用于传统产业集群的升级过程。

第四种思路是利用实际案例和具体产业研究创新集群。如李琳（2004）对巴西巴拉纳州创新集群及其合作网络研究显示，基于集群/网络的系统对地方竞争力有显著的作用，表现为企业获取市场机会，获取更多的金融资助和风险投资机会以及有利于地方支撑性制度的建设和共享。赵新刚等（2006）指出美国圣地亚哥地区的竞争力源于创新集群的成功，其成功关键在于有效的组织构建。王益民、宋琰纹（2007）区分了创新型集群与运营型集群，即创新型集群是一系列导致新市场机会辨识与确认、新技术开发以及新产品设计等的价值活动在某一特定区位的集聚，运营型集群主要指生产装配企业与其供应商在特定地理区位的聚集；并且研究了全球硬盘驱动器产业集群间国际分工的演化过程，从案例中得出启示，即创新型集群与运营型集群所要求的差异化政策导向。陈云等（2003）区分了科技集群与产业集群并分析了两者的互动发展模式：科技集群主导下的产业集群发展模式、产业集群发展下的科技集群配套模式以及科技集群和产业集群并行发展模式。吴晓隽、高汝熹（2007）在陈云等（2003）基础上给出了科技集群和产业集群的特点比较和区别，并指出生物医药创新集群形成的途径是科技集群和产业集群的互动。杜蓉、黄崇珍（2004）基于熊彼特、罗森伯格的创新集群理论简要分析了汽车工业的技术创新集群。

第五种思路是创新集群的评价研究。国内专门研究创新集群评价的文献还很鲜见，李卫国、钟书华（2008）利用层次分析法基于主题要素视角展开了创新集群评价研究的尝试。马颂德（2006）在关于培育创新集群的文章中指出需要加强创新集群的研究、评价和宣传工作。国内创新集群评价相关研究有庄晋财（2007，2008）针对企业集群网络组织的评价，提出了基于"经济—社会—生态"三重绩效综合评价系统研究框架；蔡宁、吴结兵（2006）认为对于企业集群网络结构的密度、中心性等研究是企业集群评价的重要组成部分；高菲、李凯（2008）提出了基于模糊贴近度的集群风险评价方法。未来创新集群评价研究还应该反映创新集群特质及其发展趋势。另外，针对后发国家创新集群，构建契合其发展实际的评价指标体系也是亟须解决的现实问题。

第六种思路是创新集群的演化动力研究。王福涛、钟书华（2009）提出创新集群的演化动力是以技术创新为导向的市场竞争；指出卖方市场集中、产业地理集聚与技术创新集聚的耦合是创新集群演化动力机制的结构形式。

另外，关于国外创新集群相关研究综述的文章有宁钟（2001），刘友金（2007）；梅永红等（2004）译介了OECD（2001）创新集群研究报告。

需要指出的是，与创新集群相关的研究还包括集群式创新的研究成果，代表文献有刘友金（2002，2006），刘春芝（2005）等；刘友金（2002，2006）指出集群式创新视角与创新集群不同，集群式创新是研究基于产业集群的创新模式、是利用产业集群这个手段实现创新的目的。

有关创新集群知识主题相关研究的文献为陈剑峰等（2001），宁钟（2005）；前者分析角度在于企业内技术创新集群与知识集成，后者着重研究创新集群与知识溢出集中化问题。其他创新集群文献虽然在文中局部讨论了知识问题如知识服务业等，或者隐含涉及知识问题，但是没有将知识问题置于分析的中心。

三 产业集群的知识主题

国内基于知识视角考察产业集群的研究主要集中在以下方面。

第一，产业集群的知识溢出研究。该研究思路起始于马歇尔的产业区思想，国内文献相对较多，包括知识溢出、知识流动和知识转移等方面。代表文献有王缉慈等（2001）对于知识创新和溢出的分析，叶建亮（2001）基于新增长理论的知识溢出理论对于企业集群的考察，魏江（2003）对于小企业集群中知识溢出效应的研究，朱秀梅、蔡莉等（2006）对于产业集群知识溢出传导机制的研究，缪小明、李刚（2006）基于不同介质对产业集群知识溢出途径的研究，高天光（2006）侧重考察孵化器内企业集群的知识溢出，潘瑾等（2007）对于创意产业集群中知识溢出研究，毛宽、曾刚等（2008）基于知识溢出考察了高新技术产业集群的演化；魏江（2002）对于企业集群中技术学习分工和知识流动的分析，买忆媛等（2005）考察了产业集群知识流动的整合问题，梅述恩、聂鸣（2007）考察了嵌入全球价值链的产业集群知识流动问题，董颖等（2007）分析了集群内知识流动具有空间不均衡性并指出集群知识网络结构具有派系结构特征；刘清华、吴晓波（2002）分析了中小企业集群的知识转移问题，徐占忱、何明升（2005）分析了集群特性阐释了影响知识转移的障碍并对集群企业学习能力构成进行了探讨；冯锋、王凯（2007）研究了产业集群内知识转移的小世界网络模型；杨惠馨、李贞（2008）研究了集群内知识转移主体、转移内容、转移情景、转移对象、转移途径等五要素对企业知识增量的影响。

第二，产业集群的知识共享研究。该研究思路文献相对较少，集中研究产业集群中知识共享的影响因素分析。代表性文献有葛昌跃、顾新建（2003）分析了企业集群的发展与知识共享的关系，万幼清、邓明然（2006）分析了产业集群内知识共享的制约因素，罗亚非、张勇（2008）基于集群知识链考察了知识共享过程并指出了知识共享的影响因素，谈正达、王文平、谈英姿（2006）建立了产业集群的知识共享机制的演化博弈模型并指出了影响其演化的关键因素，谈正达、王文平、孟庆松（2006）给出了产业集群企业间知识共享关系的仿真分析并研究了影响机理的仿真结果。该思路的研究文献还有王文平等（2007）、王文平、谈正达（2008）。

第三，产业集群的知识生产与创造研究。国内基于知识生产和创造视角研究产业集群从2005年开始，还处于研究的起步和发展阶段。代表文献有郑亚莉（2005）在产业集群中企业内部、企业间和产业集群和外部环境之间三个层面分析了知识创造机制；张林（2007）基于知识生产与管理角度考察了国外产业集群研究的新趋势和前沿：趋向于强调知识逻辑、集中在集群知识集中化与协同问题、集群知识创新与学习、知识与集群持续竞争力等方面。彭灿、胡厚宝（2008）研究了知识联盟中的知识创造机制。

第四，产业集群的知识系统研究。从知识系统角度加以考察和审视产业集群自2005年伊始，代表文献是彭灿（2005a，2005b；2007），王颖、彭灿（2007），鲁开垠（2007），张润东（2006），宋笠雯、张云辉、高长元（2007），周晔（2006），王贤梅（2008）。其中彭灿是国内较早试图将产业集群和知识系统加以对接的学者之一，特色在于基于系统工程视角分析集群知识系统，也即集群知识系统工程研究；鲁开垠基于层次和维度研究了产业集群的知识系统；张润东分析的是中小企业集群的创新知识管理系统；宋笠雯等侧重于虚拟产业集群知识系统的自组织特性研究；周晔的博士论文是基于网络演进和企业行为视角研究了产业集群知识系统，王贤梅则是分析了产业集群知识系统的特性。另外，虽然没有使用知识系统的词汇但是孙科、汪应洛、杨彤（2005）有关集群知识活动的研究也视为这一类属的研究。

四　产业集群的治理

纵观国内产业集群治理研究，可以概括为三个研究思路。

第一，集群剩余视角，代表文献有李宁、杨慧馨（2005）基于集群剩余对于企业集群内部协调机制的考察，指出内部协调的目标在于集群剩余以及信任、声誉、关系契约等协调机制与集群剩余的关联；李凯、李世杰（2007）指出集群剩余是产业集群治理的基础、集群组织中的机会主义是产业集群治理的根源并给出了产业集群的治理结构；高闯等（2008）在专著中详细阐述了高技术企业集群治理，分别论述了高技术企业集群治理中政府治理、信任机制、品牌化和知识溢出等问题。

第二，产业集群中的权威，代表文献有朱嘉红、邬爱其（2004）基于焦点企业成长（focal firms）对于集群演进和模仿失败的分析；杜江波、薛秀清（2006）简要论述了产业集群中行业协会的组织化秩序；高闯等（2008）论述了集群中民间商会的权威共生治理。

第三，产业集群的衰退与风险，该视角把集群风险与衰退视为治理之内容，代表文献有吴晓波、耿帅（2003）基于对已有集群风险研究的不足提出集群自稔性风险并分析了其成因；朱瑞博（2004）给出了模块化对抗产业集群内生性风险的机理分析；陈金波（2005）基于生物学类比指出企业集群发展的近交衰退风险并指出了防范对策；王发明、蔡宁、朱浩义（2006）以美国128公路为例基于网络结构视角研究了产业集群衰退风险；王静华（2006）指出由组织惯性发展的地方根植性的存在是导致产业集群衰退的重要原因；高菲、李凯、王妮（2008）给出了成熟集群衰退风险的分类与来源并建立了成熟集群衰退风险指标体系。

基于知识视角的集群治理研究还不充分，代表文献有高闯等（2008）

论述了产业集群治理中的知识溢出问题；李庆华、王文平（2006）根据知识分割的研究给出了产业集群发展中可能出现的知识同质风险、知识依赖风险、知识匹配风险；陆成裕（2008）基于知识流动简要分析了产业集群治理问题，魏江等（2012）研究了集群知识资产保护问题。

概括地说，国内相关研究的问题在于集群的知识生产、创造与集群治理中的知识研究属于薄弱环节，既没有涉及哪些组织设置或制度环境影响到集群的知识生产、创造，也没有涉及集群中知识异质性和组织异质性是如何影响到治理机制的选择的。

第四节　本章小结

现有研究显示，知识治理是组织理论的延伸和拓展，本身即为处理组织和知识之间的研究框架；创新集群作为简化的创新系统，被视为新型的产业组织形式和区域治理模式；创新集群的本质含义包含新知识和新技术的大量出现，所以创新集群框架下研究知识治理是契合的；现有创新集群知识活动的大量研究提供了有力的思想基础，使得在制度和秩序层面上讨论创新集群知识治理具有了更大的可能性。

第三章 创新集群：研究谱系、分析维度与本质含义

当前创新集群既是国际学术热点又是国家科技决策层关注的重点。培育创新集群推进创新型国家建设进而提高国家竞争力的理念已经在决策层和学术界形成了高度共识。但是创新集群思想从何而来，其理论渊源是什么，这些理论之间的脉络关系是什么，这些问题还缺乏深入研究。OECD（1999，2001）提出和发展了创新集群思想；而熊彼特在1912年就提出了创新倾向于在时间和部门上集群出现的思想，也常称为创新集群或创新群理论；那么显然需要考察这两个先后出现的创新集群是否存在渊源关系、两者之间理论上的层峦叠嶂又如何刻画。考察创新集群研究谱系不仅有助于回答这些问题，而且还将加深对于创新集群本质含义的理解，从而为识别创新集群作出贡献。

学界对于创新集群的理解存在争执，地理学派认为创新是集群的定语，创新集群研究属于区域理论范畴；技术经济学派认为集群是创新的状语，创新集群研究属于技术创新理论范畴。通过对创新集群理论谱系的考察，本书认为创新集群本身存在两个分析维度：地理空间维度和技术经济空间维度；这两个维度下的研究正在趋于融合，但是创新集群在技术经济空间维度下的研究一直延续至今；"创新"和"集群"谁修饰谁的争执实质是两个研究维度的争执，只取其中一个维度将误导以后的理论研究和实践发展。

第一节 创新集群的研究谱系

创新研究和地理研究在早期是独立展开的，熊彼特创新思想无涉地理因素，韦伯工业区位论也无涉创新因素。随着技术变革、创新来源的深入研究，互动学习和创新互动论诞生了。对于国家或地区创新绩效差异的持

续关注，使得创新研究和地理研究趋向于交融和合流。这种交融复活了马歇尔的思想；同时，也为把区域重新带回经济学作出了突出贡献①。

创新集群理论谱系的脉络关系可以概括为：熊彼特创新思想引发了创新和长波的关联、技术变革和创新互动等理论的兴起；技术变革、创新互动和学习理论，结合系统理论、演化和制度理论又演变为创新系统理论；而创新系统理论是创新集群的最主要理论来源；创新系统研究结合区域理论发展为区域创新系统研究；产业区、产业集群和创新地理学的发展使得创新集群研究在地理空间维度下趋于进一步融合；而创新集群在技术经济空间维度的研究一直得以延续至今（参见图3-1）。为清晰地展示创新集群的理论谱系，图3-1中列出了马歇尔产业区和区位思想的演进，由于篇幅所限，本书没有展开分析。

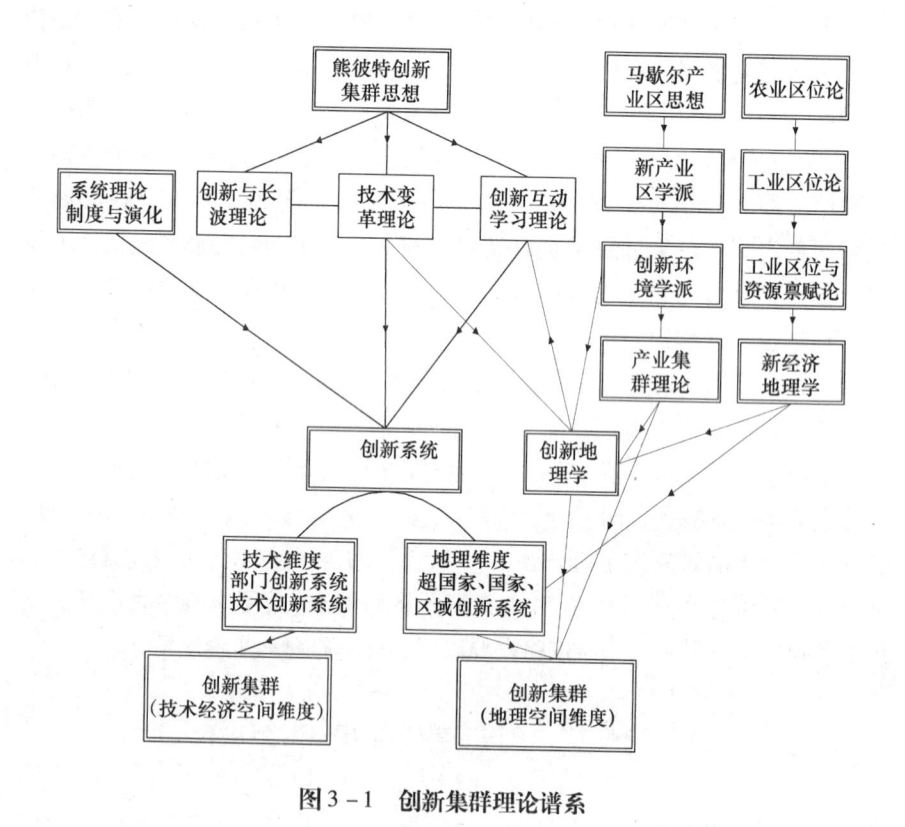

图 3-1 创新集群理论谱系

---

① ［挪威］Asheim, B. T,《产业区：马歇尔等人的贡献》，见［英］克拉克、［美］费尔德曼、［加拿大］格特勒编《牛津经济地理学手册》，商务印书馆2005年版，第419—435页。

一　创新集群研究在技术经济空间维度下的思想起源

创新集群在技术经济空间维度下的研究起源于熊彼特创新集群思想，即创新的分布有两种形态：时间意义上，创新及其扩散所形成的集群；部门意义上，创新不是随机地均匀分布于整个经济系统，而是倾向于集中于某些部门及其相邻部门。熊彼特之后，学者们在技术经济范畴下从三个理论分支展开研究，创新集群与长波理论；技术变革理论；创新的来源与学习理论。这三个分支并非完全独立地发展，尤其是后两者之间关系极其密切，分解出来完全是为了分析的需要。

熊彼特提出创新集群与长波的关系之后，学者们（门斯，1975；杜因，1983；罗森伯格，1983；曼斯菲尔德，1983；克拉克、弗里曼和索埃特，1981；乔治·雷，1980；Solomou，1986）结合康德拉季耶夫长波理论在一系列问题上展开讨论："存在创新周期吗"，"创新中存在长波吗"，"是否是创新导致了经济波动"，"创新和长波是否存在因果关系"，"是因果关系还是统计关系"，"大萧条会激起创新吗"，"是基本创新还是渐进创新导致了长波"等[1]。这一理论分支基于长时间跨度考察创新集群与经济波动的关系，因此对于数据资料的完备性要求很高。在经历20世纪七八十年代的研究高潮后这一分支的文献相对减少；但是一直延续至今，并将长波研究推进至新技术经济范式——信息通讯技术时代[2]。

创新集群被区分为两类：大量同时扩散的、无联系的、彼此分隔的轨道上产生的M型创新群；由技术上结合在一起的创新家族体系联结起来的T型创新集群，这个家族由互补的、诱发的和紧密相关的技术创新组成[3]。创新活动的"密集"导致经济的波动，这种"密集"是来自仿制和扩散过程，来自技术上有关联的创新和发明簇的集群，而不是来自由萧

---

[1] 外国经济学说研究会编：《现代国外经济学论文选（第十辑）》，商务印书馆1986年版。
[2] 代表文献如下：[英] 弗里曼、卢桑：《光阴似箭——从工业革命到信息革命》，中国人民大学出版社2007年版。Groot, B. and Franses, P. Cycles in basic innovations. Econometric Institute Report, Erasmus University, 2005-35: 1-16. Silverberg, G. Long waves: conceptual, empirical and-modeling issues [EB/OL]. MERIT, Maastricht University, 2003: 1-17. Silverberg, G. and Verspagen, B. Breaking the waves: a Poisson regression approach to Schumpeterian clustering of basic innovations. *Cambridge Journal of Economics*, 2003, 27: 671-693.
[3] [美] 罗森伯格、弗里希塔克：《长波和经济增长：一个批评性的评价》，见外国经济学说研究会编：《现代国外经济学论文选（第十辑）》，商务印书馆1986年版，第118—127页。

条引起的一系列基本创新的集群①。在技术关联意义上，技术创新可分为四类：渐进性创新、突破性创新、新技术系统的变革和新技术经济范式的变革（技术革命）②。新技术经济范式的概念比创新集群甚至于技术系统的概念要宽广得多③。

在一系列技术创新中为什么出现某些技术发展而不是另外一些？在新技术出现的过程及其以后的技术进步中是否存在规律性？在众多可能影响创新过程的经济、社会、制度以及科学因素之间的函数关系中存在规律性吗？为此，Dosi 提出了技术范式和技术轨道的概念④。Freeman⑤指出：Dosi（1982）的技术范式变革思想受到了库恩科学革命及范式学说的影响；类似的思想还有一般自然轨道（Nelson and Winter, 1977）、通用技术思想（Sahal, 1983）以及技术经济范式思想（Perez, 1983, 1985）；其中最有成效的是技术经济范式思想，其特色之处在于一项新技术经济范式的发展应当包括一整套代表最优实践的新规则和惯例。就特殊产品或工艺技术而言，技术经济范式的变革超出了技术轨道，并且影响全系统的投入成本结构、生产条件和分布。因此，技术变革的主要推动力既不是源于理性的选择也不是源于细小的点滴改进，而是源于科技进展相关的突破性创新、组织创新和社会制度创新的新结合。

创新互动论是继熊彼特之后创新集群思想发展的重要来源。创新从何而来的问题促使着学者们研究创新的过程以打开技术变革的黑箱。Rosenberg 从技术史的研究中得出了创新的非线性互动过程，摆脱了以往的线性理解⑥。Hippel 对生产科学仪器部门进行的开创性研究表明，用户在创新

---

① ［英］克拉克、弗里曼和索埃特：《长波、发明和创新》，见外国经济学说研究会编：《现代国外经济学论文选（第十辑）》，商务印书馆1986年版，第176页。

② ［英］弗里曼（Chris Freeman）：《技术政策与经济绩效》，东南大学出版社2008年版，第48—62页。

③ ［英］弗里曼、佩雷斯：《结构调整危机：经济周期与投资行为》，见多西等编：《技术进步与经济理论》，经济科学出版社1992年版，第60页。

④ ［意大利］多西（Dosi）：《技术范例与技术轨道》，见外国经济学说研究会编：《现代国外经济学论文选（第十辑）》，商务印书馆1986年版，第184—208页。

⑤ ［英］弗里曼（Chris Freeman）：《技术政策与经济绩效》，东南大学出版社2008年版，第48—49、52—53页。

⑥ 柳卸林：《技术创新经济学》，中国经济出版社1993年版，第23—29页。

过程中起到重要的积极作用①。Lundvall 阐述了用户和生产者互动的产品创新思想；把创新视为一个互动的过程，并强调当从用户—生产者的角度来观察国家创新体制时，必须考察产业和学术机构以及产业和创新的最终用户之间的相互作用②。另外，Rosenberg（2004）指出技术信息的获得是有成本的甚至非常昂贵；获得技术能力是一个有成本的学习过程。Rosenberg（1982）提出了"用中学"的思想从而补充了阿罗（1962）"干中学"的思想，Lundvall 等的创新互动论又蕴含了互动学习的思想。这样，创新研究中学习理论的发展线索就可以概括为：从干中学到用中学再到互动学习。互动学习理论自 Lundvall 等学者开创以来一直在蓬勃发展，依然代表着未来的研究方向，未来创新集群研究仍然需要吸收学习理论的成果。例如由 Lundvall 领衔研究一直延续至今的思想：学习经济（the learning economy）的提出、从知识经济到学习经济以及学习经济中的知识管理③。

以上分析均是在技术经济空间中探讨创新集群的概念流变和谱系。以上研究都渗透着演化理论的思想，创新与长波强调创新的历时演化；技术创新过程本身即为演化过程，技术变革和技术系统理论是演化经济学的重要分支，Nelson 和 Winter 的《经济变迁的演化理论》是演化经济学形成的重要标志之一。无论是 Freeman，Nelson，Winter，Dosi，还是 Lundvall，他们都是为了弥补标准经济学中较少涉及的内容或无法解释的现象。

二 创新系统研究是创新集群的最主要思想来源

上述技术变革理论、创新互动和学习理论融合系统理论发展为创新系统理论框架。Edquist（1999，2001）认为创新系统理论的来源是互动学

---

① [英] 埃里克·冯·希普尔：《创新的源泉——追循创新公司的足迹》，知识产权出版社 2005 年版，第 11—29 页。

② [丹麦] 伦德瓦尔（Lundvall）：《创新是一个相互作用的过程：从用户与生产者的相互作用到国家创新体制》，见 [意大利] 多西等编：《技术进步与经济理论》，经济科学出版社 1992 年版，第 425—445 页。

③ Lundvall, B. A. The social dimension of the learning economy [EB/OL]. DRUID, Aalborg, Denmark, Working paper, No. 1996 - 1: 1 - 24. Lundvall, B. A. Why the new economy is a learning economy [EB/OL]. DRUID, Aalborg, Denmark, Working paper, No 2004 - 01: 1 - 11. Lundvall, B. A. Knowledge management in the learning economy [EB/OL]. DRUID, Aalborg, Denmark, Working paper, No. 2006 - 6: 1 - 24. Lundvall, B., A. et al. National systems of production, innovation and competence building. *Research Policy*, 2002, 31: 213 - 231.

习、演化和制度理论；系统理论和创新经济学这两者的逻辑扩展导致创新系统路径的出现。B. Godin（2007）也认为系统理论在国家创新系统理论发展中起到了重要作用。

创新系统思想可以追溯至李斯特和斯密。Lundvall 指出创新系统概念最早出现在 20 世纪 80 年代出版的一个有关用户和生产者互动的册子中，但最早使得国家创新系统概念获得广泛采纳的是 Freeman（1987）的《技术政策与经济绩效》。Freeman（1987）认为国家创新系统研究可以追溯到李斯特的《政治经济学的国民体系》；Metcalfe（2001）指出创新系统思想甚至可以追溯到斯密的洞识：知识的生产和应用反映了劳动分工。

创新系统向李斯特和斯密追溯代表着两个不同的理论脉络。Freeman（1987）指出：李斯特坚称自由贸易只有当许多国家财富和技术水平大体一致时才有实现的可能；李斯特认为斯密过多地注意了劳动分工但是并没有深入研究劳动力的生产能力、技能、知识水平和教育程度；并提出了国家技术战略如精神资本或智力资本、政府需要进口先进技术、引进外资、重视制造业、重视劳动力技能包括创造财富的能力和建立完善的教育和培训体系等。而沿着斯密追溯，Metcalfe 是试图通过知识生产和应用这个中间变量把创新系统和劳动分工两者勾连起来，这一点具有重要意义。Metcalfe（2001）认为，劳动分工隐含协调之意，而知识市场并没有为其提供协调，而知识生成和组织使用间的相互作用围绕网络建构连接，这些连接又影响到创新出现的方向和速度。那么创新系统是如何出现、发展和陷入衰退的？企业或企业群在竞争优势的搜寻中对技术知识和组织知识等各种知识加以整合，在这一过程中导致创新系统的集聚和分散。应当指出，Metcalfe 这一重要问题至今仍然具有研究价值。

创新系统研究是 OECD 创新集群理论的最主要理论来源。所谓 OECD 的创新集群是指简化规模或功能的国家创新系统。创新集群概念是创新系统研究大家族中的一种特殊类型；集群的动力、系统特征和相互依赖性均与国家创新系统相类似（OECD，1999）。基于一系列文献判断[①]，OECD 旨在推动国家创新系统的研究，创新集群只是为了实现国家

---

① OECD. Boosting innovation: the cluster approach. Paris: OECD, 1999. OECD. Innovation clusters: drivers of national innovation system. Paris: OECD, 2001. OECD. National innovation system. Paris: OECD, 1997. OECD. Managing national innovation system. Paris: OECD, 1999. OECD. Dynamising national innovation system. Paris: OECD, 2002.

创新系统功能的一个中观层面的工具，推出集群工具旨在排除创新系统的缺点。

OECD（2002）指出创新集群概念吸收和掌握了现代创新过程研究的所有重要方面：（1）新增长理论强调知识累积的收益递增的重要性；（2）演化和产业经济学论证知识累积是路径依赖的（沿着带有一定惰性的技术轨道），是非线性的，是被市场和非市场组织的相互作用以及各种制度所塑造的；（3）由于增长导致专业化不断增加，制度经济学强调公司和政府中组织创新的重要性，这些组织创新包括掌握更复杂相互依赖时制度和程序的设计和协作；（4）创新社会学强调信任避免了专业化程度提高所致的交易费用增加，强调制度和文化多样性在激励创造力方面的作用，强调非货币激励和实物贸易在创新网络中的作用。

创新系统研究从两个维度展开：地理维度和技术维度。前者包括全球创新和学习系统，洲域创新系统、国家创新系统和次国家创新系统，区域创新系统；后者包括部门创新系统和技术创新系统。作为简化的国家创新系统，创新集群也具有地理空间维度和技术经济空间维度，前者对应国家或次国家创新系统，后者对应部门或技术创新系统。熊彼特和罗森伯格所探讨的创新集群是技术经济空间中创新集中的现象，无涉区位因素；但是作为简化国家创新系统的创新集群显然涉及地域因素，只是地域因素被社会、文化和制度环境所指称。而更直接地考察创新集群的地理空间维度的思想来源，可以从三个理论脉络入手：区域创新系统、产业区和产业集群理论以及创新地理学。

三 创新集群在地理空间维度下的直接思想来源

概念上区域创新系统与创新集群近似于同义词（Bortagaray and Tiffin，2000）。Asheim 和 Coenen（2005）指出集群和区域创新系统密切相关，区域创新系统可以跨越几个产业部门，只要其中公司和知识机构系统性互动即可确认区域创新系统的存在；一个区域创新系统可以包括几个集群，但是一个集群未必局限在一个区域创新系统的范围内。

区域创新系统概念起源于两个理论：创新系统研究，区域科学；旨在解释区域高科技产业、科技园区、创新网络、创新项目的政策影响和地理分布（Cooke, et al. 1997；Doloreux and Parto, 2005）。区域创新系统与国家创新系统的区别在于：前者强调互动学习是一个本地化的过程，区域制度、文化、社会资本如何与创新组织相互动，地理接近对于创新的重要性；后者重在国别的制度特征从而找出国家竞争优势的源泉，旨在解释国富国穷的演化机理或某国一些产业的兴衰；两者都旨在解释创新绩效并与国家竞争优势相联系，但是镜头瞄准的层面不同。

区域创新系统研究流行的动力是全球化经济中更强的国际竞争、传统区域发展模型和政策的明显缺陷以及世界范围内许多产业集群的成功（Doloreux and Parto，2005）。Porter（2002）也强调全球化环境下国家竞争优势依赖于具有竞争力的区域。另外，在分析创新过程中国家层面是不是合适的分析起点，也是国家创新系统研究中需要注意的问题；以意大利为例，正式的国家创新系统分配 R&D 资源给小部分大公司并与它们有规则地相互配合但是却没有创新绩效；而创新发生在地方集群（local clusters），这些集群由高度互动的中小企业组成（Cooke，et al. 1997）。

Lundvall 和 Maskell（2005）指出尽管 Porter（1990）没有明确使用国家创新系统概念，但是 Porter 的方法在一些重要方面都与之类似；自然作为简化国家创新系统的创新集群也与 Porter 的思想类似。不同之处在于国家创新系统和创新集群没有强调地理集中，而 Porter 和其后的产业集群强调了地理集中。

Porter 在集群思想发展中处于承前启后的重要地位。Porter 的产业集群思想向前追溯其来源是经济地理学、新产业区理论以及马歇尔产业区思想（Porter，2002，1998；Johnston，R.，2003；Romero-Martínez and Montoro-Sánchez，2008）；向后发展是国家创新能力的决定因素（Furman，Porter and Stern，2002），以集群创新方向、共同知识设施、集群特殊条件和三者连接质量为框架考察了集群、创新和竞争力之间的关系。无论是产业区还是产业集群，都强调公司或产业在地理上集中对于创新的作用；但是都没有深入考察创新活动在地理上是如何分布的命题，对此深入分析的是创新地理学。

创新地理学（The Geography of Innovation）在技术变革和创新研究基础上融合了产业区、产业集群、新经济地理学等理论。经济地理学最突出的特征是生产的地理集中（Krugman，1991）；然而不仅存在生产的地理集中，还存在着创新活动的地理集中（Feldman，M. P，2005）。以往创新概念也缺少地理分布的维度，需要研究创新的地区分布概念（Hart，2000），由此提出了创新活动在地理上是如何分布的命题，包括创新活动在地理空间上的集聚是否存在、由哪些因素决定、有哪些机制存在①。

　　创新地理学指出创新集聚在知识溢出密集的区域。在促进知识发展的投入最多的区域，知识溢出现象最广泛，而各种创新活动就在这类区域集聚；同时，以往知识生产函数研究只是考察了地理空间内知识溢出的存在，但并没有分析知识溢出的路径和实现机制。创新和区位的关系还受知识属性的影响，知识默会程度越高，地理集中度就越显著（Feldman, M. P., 2005）。就知识溢出和创新活动地理空间集群的关联而言，新的经济知识发挥作用越大的产业，其知识外部性就越强。而产业 R&D、大学 R&D 以及技能工人掌握着新的经济知识；而知识溢出越普遍的产业其创新活动集聚的倾向越大（Audertsch and Feldman, 1996）。

　　创新在空间上集群的偏好与产业生命周期存在关联。研究型大学倾向于在生命周期的导入阶段而不是增长阶段导致创新活动的集群；技能型劳动力则在整个生命周期中推动创新的集群；而产业的 R&D 最主要贡献在于生命周期的增长阶段。缄默知识之所以能够在创新活动产生中发挥重要作用，是因为地理上的接近。按照产业生命周期的理论，缄默知识在产业生命周期的早期阶段发挥了最重要的作用。最引人注目的发现是在生命周期的成熟和衰退阶段提高生产的地理集中将导致创新活动更大而不是更小的分散（Audertsch and Feldman, 1996）。这意味着新思想需要新空间。

　　Feldman 和 Audertsch（2004）系统考察了知识溢出和创新地理学之间的关系，从知识生产函数、地理和溢出的作用、地理分析视角到知识溢出机制；分析了知识溢出的机制，尤其是企业家能力作为溢出机制得到了细致考察。值得注意，Feldman（2005）、Feldman 和 Audertsch（2003）都强调关于知识溢出机制、知识溢出以何种方式促进创新等问题，现有研究还缺乏足够的认识，有待深入探究。正如 Feldman（2005）指出：虽然已经认识到知识溢出与社会互动密切相关，但是对于社会互动如何产生、如何发展为工作关系以及经济上有用的知识是如何创造出来的这些命题我们并不清楚。

---

　　① 钟书华教授在 1991 年指出，很有必要从空间角度研究技术的地域分布模式、分布的性质、特点及演变规律，这种空间角度的研究转向构成了技术地理学产生的内在动力。

第二节 创新集群的分析维度

创新集群研究存在技术经济空间和地理空间两个维度（参见图3-1）。前者包括两种类型，一种强调技术经济空间内创新主体间的连接和互动，一种是指技术系统中的创新集群即技术关联型创新集群；后者强调地理集中对于创新集群的重要意义。

一 地理空间维度下的创新集群

地理维度下的创新集群研究强调地理集中或接近对于知识密集交换的重要作用，学习的本地化意义；还有一些研究虽然没有强调地理集中，但是依然指出创新集群处于一定地理边界之内。Ibrahim 和 Fallah（2005）指出，技术集群（technological cluster）是技术公司的地理集中，通常围绕科学研究中心而形成，诸如大学和国家实验室。Hans-Dieter（2008）指出知识集群是生产取向的组织集聚（agglomerations of organizations）；这个生产主要针对知识，要么知识作为产出、要么作为投入；知识集群具有驱动创新和创造新产业的组织能力；知识集群中组织包括大学和学院、研究机构、思想库、政府研究机构和知识密集型公司；同时他认为集群就是一种集聚而接近（proximity）是其中关键变量[①]。

基于拉丁美洲的经验研究，Bortagaray 和 Tiffin（2000）认为创新集群是一个组织结构，此结构在限定地理边界内通过集体产业生产来创造新的产品和企业，此结构以知识交换、互动学习和可分享价值的高度集中为基础[②]。Steinle 和 Schiele（2002）指出：如果没有超出传统市场交换的密集互动，接近的优势将基本上仅仅局限在交易的低成本和员工的低转换成本上；然而，假如行动者能够发展出一种竞争和合作同时共存的环境，一个地方化价值创造系统能够达到它的全部潜力即转化为了一个创新集群；这

[①] Hans-Dieter, E. Knowledge hubs and knowledge clusters: designing a knowledge architecture for development [EB/OL]. ZEF, University of Bonn, MPRA Paper No. 8778, 2008.

[②] Bortagaray, I., Tiffin, S. Innovation clusters in Latin America. Presented at 4th International Conference on Technology Policy and Innovation Curitiba, Brazil, August 28-31, 2000: 1-40. Steinle, C., Schiele, H. When do industries cluster? A proposal on how to assess an industry's propensity to concentrate at a single region or nation. Research Policy, 2002, 31: 849-858.

种环境的特征是存在一种俱乐部式的并带有密集知识交换的氛围①。

二 技术经济空间维度下的创新集群

此分析维度考察重点是部门或技术系统中创新集群以及虚拟创新集群。DeBresson（1999）指出：创新集群不是独立经济主体的简单集中，而是展示在跨产业层次上的相关合作企业的基本网络。Liyanage（1995）指出他所分析的创新集群既非产业集群也非科学领域的集群；既不是描述成功的产业，也不是描述科学领域的增长和变迁；而是指在研究机构和产业间形成的创新技术网络和连接。Broersma（2001）把创新集群定义为：彼此间具有创新强连接的产业群体（industrial groups），但是与产业的其他剩余部分存在创新弱连接。Passiante 和 Secundo（2002）从不同的视角研究了虚拟创新集群。

Preissl②（2003）指出，创新集群概念是把互动作为构成性元素（constitutive element）而不是把地理位置（location）作为构成性元素；创新集群与生产集群和价值链集群有着根本性的差异；创新研究这二十年来决定性的贡献就是在创新模型和非公司行动者的整合方面引入了系统特征。Preissl 将创新集群定义为在一个经济部门或产业中有助于创新实现的、相互依赖的组织集合；此概念不是地理取向的，决定性的准则是所有相关的行动者都参与一个活动，即创新。这个概念的新意在于：第一，地理因素不是创新集群的构成性元素；第二，创新集群是一个组织集合，摆脱了创新集群这一词汇中"创新"和"集群"谁修饰谁的纠缠；正确的理解是两者合在一起才能彰显出这个概念的独特价值；第三，创新集群合并了物理的和虚拟的连接，这个合并观点既重视了地理和接近的互动价值又强调了虚拟互动接近资源的灵活性，它不仅在理论上摆脱了把创新集群限制在地理边界上的刻板又为实践上创新集群的培育指明了新的方向，即在培育连接上不仅需要增加地理接近的连接，还要增加虚拟合作对象的连接。

Montresor 和 Marzetti（2007）考察了技术系统的创新集群，并指出**互**

---

① Steinle, C., Schiele, H. When do industries cluster? A proposal on how to assess an industry's propensity to concentrate at a single region or nation. Research Policy, 2002, 31: 849-858.

② Preissl B. Innovation clusters: combining physical and virtual links. DIW Berlin, Germany, Discussion Papers, 2003: 1-25.

动已经处于创新研究辩论的前线,毕竟互动在解释创新集群和创新系统扮演着重要角色。尽管创新集群和创新系统各自都是相当独立地发展着,但是这两个概念近来出现了实质上的合流;然而这种合流主要关涉到地区空间的创新的集群(the clustering of innovation),相反不知为何却忽略了集群的另一个重要维度:技术经济空间[1]。

三 创新集群两个维度的理论意义和实践意义

创新集群的地理空间维度和技术经济空间维度都具有广阔的研究前景。"创新"和"集群"谁修饰谁的争执实质是两个研究维度的争执,只取其中一个维度将误导以后的理论研究和实践发展。Moreno、Paci 和 Usai (2005)借助于扩展空间分析方法延续了创新地理学的思想,就在两个维度下研究了欧洲创新集群[2]。

创新集群两个研究维度的实践意义在于为培育创新集群找到现实依托,产业联盟和科学园区就是培育创新集群的两个基点。发展科学园区是为了实现技术知识的商业化,所以科学园区通常建立在科技资源密集区域。但是区域内仅有密集科技资源并非培育创新集群的充分条件,还需要加强创新主体间的互动,而作为组织间连接形式,联盟或战略联盟是创新过程的灵魂,能够引致创新集群的形成。而虚拟创新集群和技术系统内创新集群更依赖于组织连接来实现密集的互动,产业联盟可以增加技术体系的外部知识来源、利于从多样性的互补技术知识中产生新的灵感。

第三节 创新集群的本质含义

我国高新区的二次创业、传统产业升级改造和传统产业集群升级都是未来一段时期需要研究和解释的现实课题。关于向什么目标升级的问题,我国学界和决策部门已经形成了高度共识:把培育创新集群作为地方集群升级和国家高新区二次创业的目标。但是创新集群到底是什么,其独特的理论内涵是什么?其与产业集群如何区分?这些问题还有待深入考察。王

---

[1] Montresor, S. and Marzetti, G. V. Innovation clusters in technological systems. DRUID, Aalborg, Denmark, Working Paper, No. 2007 – 15.

[2] Moreno, R., Paci, R. and Usai, S. Geographical and sectoral clusters of innovation in Europe. *The Annals Regional Science*, 2005, 39: 715 – 739.

缉慈（2006）认为什么是创新集群、为什么要有创新集群、高新区如何培育创新集群这些问题都需要深入思考。张江管委会刘小龙（2006）认为，创新集群和产业集群是分开的；在培育创新集群的过程中不能简单套用培育产业集群的方法；尤其是在经济指标的考量方面，创新集群需要一套更精细、更前瞻、更持久的考核指标。因此，只有科学解释了创新集群的独特内涵，政策决策部门才能为政策目标的执行制定出可操作性的相关规则，才能针对不同的集群阶段形态、产业形态及升级瓶颈制定和实施相应的集群政策。

Hodgson（2000）指出没有什么比混淆核心概念更容易产生混乱和使知识进展徒劳无功的了。相对于其他类似概念，创新集群这个概念具有其独特的内涵，否则，不仅不能解释新的技术经济现象、新的实践和新的问题，而且很可能造成一定程度的思维混乱。按照一般概念定义的规则，一个概念的本质含义一定是其异于其他概念的表征，这个本质含义是其存在的必要条件。例如人之所以能够区别动物，是因为人是社会人，这是人的本质含义和必要条件。可以认为制造和使用工具是人的特征，但是制造和使用工具并非人的独有技能；如果说制造和使用高级复杂工具是人的独有技能，那也是因为由于社会人的劳动分工、社会分工，人才可能学会制造和使用高级复杂工具。

一　部分集群和集群相关的概念

集群这个概念的丰富含义被学者们使用演绎到混乱的程度，似乎每一个研究者都是在自己的界定下使用这个概念的；Martin 和 Sunley（2003）入木而深刻地检讨和批评了集群概念。考察创新集群的本质含义，有必要先了解一下一些集群和集群相关的概念（参见表3-1[①]和图3-2）。

二　从三个方面考察创新集群的本质含义

研究创新集群的本质含义需要解答三个问题。首先，需要考察创新集群的研究维度。创新集群存在两个研究维度：地理空间维度和技术经济空间维度。前者强调地理集中和地理邻近对于创新集群的重要意义。后者强

[①] Whalley J, Hertog P D. Clusters, innovation and RTOs. University of Brighton, UK, Workpackage synthesis report, 2000: 1-78.

表 3 – 1　　　　　　　　部分集群和集群相关的概念

概念	定义
产业区 (Marshall)	由相关企业和产业集聚而出现的正外部性可以解释产业综合体的发展。三个主要因素引致了这些外部性：①企业之间的知识溢出；②来自支持性产业的专用投入和服务；③具有专业技能的、地理集聚的劳动力市场。马歇尔的集群假说主要强调在一个相互依赖的系统中影响生产的专业化形式的动态互补性；基于以上给出的原因，一个经济单元的创新和成长能够发挥对于系统中其他经济单元的推动作用。因此，产业综合体的集群将胜过一个更为分散分布的个体总和的绩效（Pender, 1999, p. 340）
发展增长极 (Perroux)	对于人口 1000 万或更多的大都市如此巨大的人口集聚将取得外部规模经济……；围绕扩展性产业而集聚的产业群体的建立
发展单元 或开发区块 (Dahmen)	Dahmen 强调在企业和产业之间的互补性有利于新知识的传播以及新的商业活动从强网络中获得支持。伴随着主导型和国际性成功企业的存在，整个网络的力量增强（NUTEK, 1999, p. 13）
能力集团 (Eliasson)	能力集团这个术语用来指称大量不同的能力整合在一起有助于发展和商业化一个特殊的产品。在这个方面人类能力资本是重要的。……按照 Eliasson 的见解，能力集团中重要的参与者必须处在当地并且一起工作以促进产业发展。这涉及能干的顾客创造需求、创新者从事创造、企业家确认有趣的并在商业上可行的创新、风险资本家发现并资助他们，这样他们能被实业家改造用于生产和分配（NUTEK, 1999, p. 22）
集群/地区 产业集群	集群，它的元素分布在一个共同的地区位置，这个地区可以是一个大都市区域，劳动力市场或者其他功能经济单元
产业集群	一群商业企业或非商业企业，群体内的成员资格对于其中每一个成员企业的个体竞争力都是重要的元素。将集群结合成买卖关系，或共同技术，共同买家或分布渠道，或共同劳动力储水池（Enright 1997：191）
价值链 产业集群	价值链集群是这样一个产业集群，它被确认为扩展的投入产出关系或买卖链条。它包括最终市场生产者，和直接或间接参与交易的一级、二级和三级供应商。它由大量产业或部组成。由强烈相互依赖的企业（包括专业供应商）构成的生产网络，它们相互连接在价值增加的生产链条上。在一些案例中集群也包含战略联盟，联盟中有大学、研究机构、知识密集型产业、桥梁机构（中介、咨询）和消费者（OECD, 1999, p. 9）

续表

概念	定义
产业综合体	基于两个方面的联系，一方面，发展新技术并在元器件、机器和生产系统中传递的企业；另一方面，使用这种技术的企业处于经济系统的核心（Drejer et al., 1999, p. 295）
资源区	资源区包括由生产和服务组成的宽广范围，它在一段时间内相对稳定并且在经济中占有相当的规模和分量。它由相互依赖的部分组成或处于合作生产最终产品或服务的共同关系之中。资源区中的企业在要素条件方面具有共同的需求。在资源区中存在一个或多个通过贸易绩效衡量的力量位置（Drejer et al., 1999, p. 304）
技术系统	在特定的制度框架下，特定的技术领域中互动的主体构成的用以产生、扩散和使用技术的网络。技术系统的定义基于知识或能力流（flows）而不是普通商品或服务的流动。它们包括动态的知识和能力网络……存在企业家和足够的批评大众，这样的网络能够转变为发展集团，即，在一个产业或产业的群体中企业和技术的协同集群（Carlsson and Stankiewicz (1991) as quoted in Carlsson and Jacobsson, 1997, p. 268）
生产和创新的部门系统	新的和已有的具有特殊用途的产品集合和实施市场和非市场互动以完成这些产品的创造、生产和销售的主体集合。一个部门系统拥有知识基础，技术，投入，以及（已经存在和潜在的）需求。构成部门系统的主体是组织和个体。个体有消费者、企业家和科学家等，组织或许是企业（如用户、生产商、供应商），非企业组织（如大学、金融机构、政府部门、贸易协会或技术协会），包括大组织的分支机构（如R&D或生产部门）以及组织群体（如产业协会）。主体的特征有特殊的学习过程，能力，信念，目标，组织结构和行为。它们通过交流、交换、合作、竞争和控制的过程开展互动，制度（规则和规制）塑造了这些互动。通过它的各种各样的元素的共生演化，一个部门系统经历变迁和转变的过程（Brechi and Malerba, 1997; Malerba, 2000, p. 6/7）

资料来源：Whalley and Hertog（2000）

调技术经济空间内创新主体间的连接和互动；尤其是指技术系统中的创新集群即技术关联型创新集群，这一支从熊彼特到罗森伯格再到技术系统一直延续至今（OECD，1999，2001；Montresor and Marzetti，2007）。因此，不能将创新集群的"创新"视为定语，也不能将"集群"视为状语，单一地考察修饰问题将失去对另一个维度的研究，只取一个维度或许将误导以后的理论研究和实践发展。

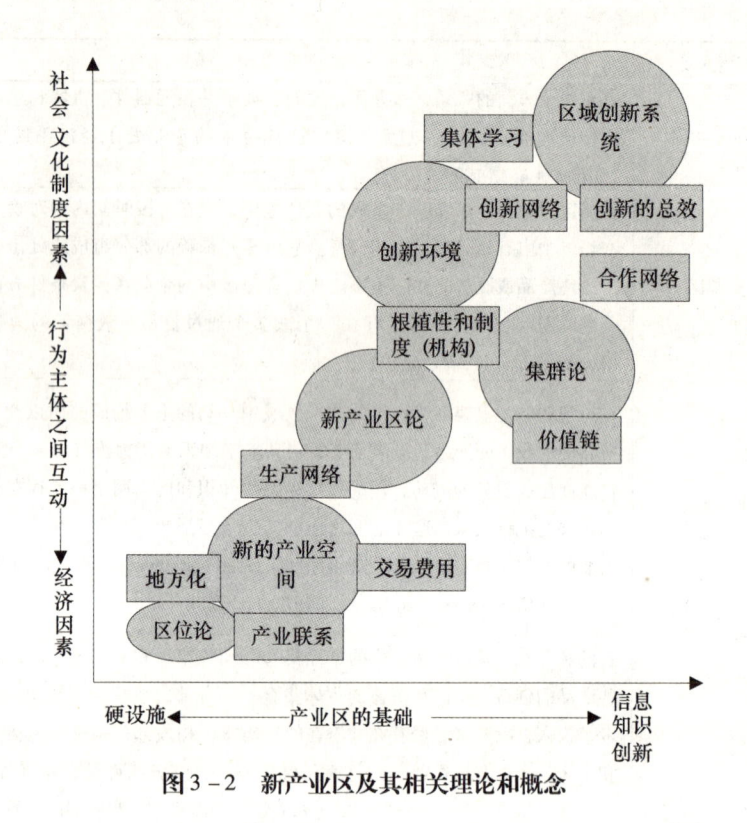

图 3-2　新产业区及其相关理论和概念

第二个必须回答的问题是地理集中或地理邻近能否成为创新集群的本质含义。根据技术经济空间维度下的创新集群含义判断，地理集中并非创新集群的本质含义，因为其强调创新的扩散和技术的连接。那么对于地理空间维度下的创新集群而言，地理集中能否成为创新集群的本质含义？Preissl（2003）指出，创新集群概念是把互动作为构成性元素（constitutive element）而不是把地理位置（location）作为构成性元素；他认为创新集群与生产集群和价值链集群有着根本性（fundamentally）的差异。Cole（2008）指出以往研究强调了地方资源的竞争优势，但是某种程度上忽略了非地方连接的重要性，他基于欧洲动漫电影产业的案例研究显示地理集中（geographical agglomeration）并非经济成功的必要条件；Nachum 和 Keeble（2002）使用伦敦媒体集群研究了为什么处在当地并不是足够的问题，即地理集中或地理邻近不是创新集群的充分条件。另外，作为集体行动的创新过程，其至关重要的因素是知识的创造和扩散，而知识的创造和扩散并不必然是由地理集中导致，也不必然导致地理集中，在电子化交流和电子化交易的时代尤其如此。换言之，地理集中既不是培育创新集群的充分条件，也不是培育创新集群的必要条件。因此地理集中并非创新集群的本质含义。

需要指出，地理因素并非不再重要，也并非否认面对面的交流的重要价值，位置依然发挥重要的作用。正如 Cole（2008）指出所需要的不是永久性同处一地（permanently co-located），而是需要在一些时点同处一地，即临时性邻近（temporary proximity）。Torre（2008）指出地理邻近对于知识转化而言仍然是必要的，但是短期或中期互访对于合作者之间的信息交换往往已经是充分的。Bathelt and Schuldt（2008）专门研究了国际贸易集市作为临时集聚（temporary clusters）对于互动学习和知识创造的重要作用。Hamdouch（2008）也指出创新集群中互动主体之间并不一定需要在同一地理范围内同处一地，Owen-Smith et al.（2002）通过 Boston 生物技术集群的案例令人信服地说明了这一点；集群中的公司与 San Francisco 甚至国外的外部伙伴发展出了强关系（strong relationships）；Hamdouch 认为这个案例表明集群的相关空间规模是一个可以跨越几个地区甚至国家的变量和多边界的（multi-territorialized）。

第三个需要回答的问题是知识和创新在创新集群中的角色。OECD（2002）指出，创新集群概念吸收和掌握（capture）了现代创新过程研究的所有重要方面，其中两个方面都与知识生成密切相关：第一，基于在新技术和人力资本的投资，新增长理论强调知识累积的收益递增的重要性；第二，演化和产业经济学论证知识累积是路径依赖的（沿着带有一定惰性的技术轨道），是非线性的（涉及研究和创新在不同阶段间的互动），是被市场和非市场组织的相互作用以及各种制度（社会规范、规制等）所形塑（shaped）的。可以发现无论是地理空间维度还是技术经济空间维度，所有创新集群概念都强调了知识和技能的密集交换，而这种密集交换必须依赖于各种互动连接和学习。

然而自马歇尔伊始，产业区和产业集群研究者都认同马歇尔所谓"知识流动在空气中"中的这一外部性思想，也即产业区和产业集群同样具有知识和技能的交换，换言之，空气中的知识交换并非创新集群所独有。在这方面区分创新集群与产业集群似乎只有在知识和技能的密集交换的能量方面下工夫即对知识溢出的度量，然而克鲁格曼认为对知识溢出的度量难度很大，几乎无法有效度量。另外，所谓"知识流动在空气中"并不一定带来创新，集贸市场上蔬菜市场中蔬菜价格同样流动在空气中，但是几年如一日，交易模式没有变化，创新没有出现；电脑城中很多出售各种各样电脑配件的市场同样流动着产品信息包括品牌、型号、价格、产地以及降价打折信息，但是几年如一日，交易模式没有变化，创新一样没有出现；因此何种知识流动在空气中能够带来创新仍然是一个问题。

Preissl（2003）和 Hamdouch（2008）给出的创新集群概念均强调了创新的实现。而创新实现从结果形态上表现为新知识的生成、新技术的出现，这两者又都凝结在新产品中；从过程形态上表现为知识和技能的密集交换，这种交换一方面说明必须投入大量的研发经费，否则新知识无法生成；另一方面这种交换又依赖于互动。因此可以认定新产品大量出现为创新集群的必要条件。离开了表现为新产品大量出现的创新实现则无法称其为创新集群。

基于以上分析，本书给出**创新集群的一个概念界定：创新集群是以新知识生产、新产品大量出现为本质含义的创新型组织（创新型企业、各种知识中心和相关机构）在地理空间上集中或者在技术经济空间中集聚，并且与外界形成有效互动结构的产业组织形态**。不论术语如何变换，诸如知识集群（knowledge clusters），技术集群（technology clusters），智力集群（intellectual clusters），以知识为基础的集群（knowledge-based clusters）；满足以上界定，均可以视为属于创新集群范畴。

三 创新集群与产业集群的区分

王缉慈（2004）指出集群可以分为两大类：基于创新的集群和低成本的集群；低成本的集群是指其参与竞争的基础是低成本，这种集群内部信任度低；创新性集群或创新集群（innovative clusters）是区别于低成本的产业集群（或低端道路的产业集群）而言的，是指创新性的产业集群或基于创新的产业集群。这种分类的问题在于将创新集群完全视为一个地理概念，忽视了创新集群还存在技术经济空间维度，如熊彼特、罗森伯格一直到现今的技术系统研究；国内傅家骥等（1998）专辟一章研究过这一脉络，柳卸林（1993）对此也有研究。

王缉慈、王敬甯（2007）将集群分为产业集群和高技术集群；产业集群又分为创新性（包括创意）集群和非创新性的两类；高技术集群是创新集群；创新性集群和创新集群的英文表述分别为 innovative clusters 和 innovation clusters；并指出创新集群、创新性集群与非创新性产业集群的根本区别是对企业互动、知识共享和互动的强调。需要指出，王缉慈、王敬甯（2007）的分类与王缉慈（2004）的研究不相一致，前者将 innovative clusters 和 innovation clusters 视为两个概念；后者并没有这样区分并指出有潜力的创新集群不仅包括高技术集群还包括创新性的低技术集群（innovative low-tech cluster）。显然 OECD（2001）有关创新集群（innovative clusters）的研究报告中既有高技术集群如 ICT 集群也有农产品生产集群和建筑集群。另外，Lee（2003）、Preissl（2003）、Bortagaray 和 Tiffin（2000）等众多学者使用的创新集群概念（innovation clusters）与 OECD（2001）的创新集群概念（innovative clusters）实质上指称的是同一个经济现象，并没有不同。面对这些争论，判断依据依然是创新集群的本质含义和必要条件，即是否存在新知识生成和新产品大量出现。

陈云等（2003）讨论了科技集群和产业集群的区分和关联；吴晓隽、高汝熹（2007）在陈云等（2003）基础上给出了科技集群和产业集群的特点比较和区别，并指出生物医药创新集群形成的途径是科技集群和产业集群的互动。科技集群和产业集群的关系类似于 Lee（2003）指称的研发集群和生产集群；两者向创新集群演进都需要添加相应的功能即研发集群需要实现其研究成果，生产集群需要具备创新功能、研发新产品。国内学者对于集群分类的研究参见表 3-2。

表 3-2　　　　　　　　　国内学者关于集群分类的研究

作者	主要观点
王缉慈（2004）	集群分为：①创新性集群（innovative clusters）或创新集群；②低成本的集群
王缉慈、王敬甯（2007）	集群分为：①产业集群，包括创新性（包括创意）集群（innovative clusters）和非创新性的集群；②高技术集群，即创新集群（innovation clusters）
陈云等（2003）	科技集群和产业集群
吴晓隽、高汝熹（2007）	科技集群和产业集群
王益民、宋琰纹（2007）	创新型集群和运营型集群
王福涛、钟书华（2009）	创新集群是产业集群的高级形态

表3-3　　　　　　　老产业区和新产业区的特性比较

	老产业区	新产业区
专业化	高水平专业化	高水平专业化
分工	劳动的技术或技能分工	劳动的认知分工
支配原则 (governed by the principles)	空间邻近；简单学习；地方非正式或默会知识	兼容性/互补性；学习中学习；编码与非编码知识的循环
知识特性	场景化的、不可转移的知识	场景知识和非场景、可转移知识的循环；知识发展的循环
学习方式	通过社会化（socialisation）学习；默会知识到默会知识	通过表出化（externalisation）学习；默会知识到编码知识
学习类型	指导性学习；适应性学习	生成性学习
网络特性	短的（地方）网络	长的（全球）网络

资料来源：Sedita（2002）

表3-4　　　　　　　"老"和"新"的地区集群的特性

	"老"的地区集群	"新"的地区集群
原型案例	"经典"产业区（"classic" industrial districts）	知识为基础的集群（knowledge-based clusters）
典型产业	工艺为基础的制造业	知识密集型商业服务业 KIBS
典型区位	扩散式区位模式	大城市
高阶活动的重要区位因素	发展和生产品质多样化产品、并带有长期传统的地区	新的和稀缺的科学知识发展的地区，交通枢纽位置、邻近大的市场
重要的外部经济	专业性公司之间的地方协作	地方信息蜂鸣（buzz）和竞争
社会机构的类型	位置专有的地理共同体	群体专有的职业共同体
知识溢出的主要过程	"产业空气"	与顾客、知识组织的创新互动
主要的集群构建机制	供应侧要素；刺激学习、创新和竞争力构建的、特殊的地方要素	需求侧要素；和需求方顾客密切的协作

资料来源：Isaksen（2004）

国外学者 Sedita（2002）指出了老产业区和新产业区各自的特性；分析了老产业区向新产业区转变、传统产业区向数字产业区转变的趋势，参见表 3-3。Arne Isaksen（2004）分析了"老"和"新"的地区集群（old and new regional clusters）的特性，参见表 3-4。

以上研究为创新集群和产业集群的区分积累了重要的思想资源，接下来围绕集群发展趋势、创新过程、学习过程和本质特征等多个角度检视了创新集群和产业集群的特性。

从类属上分析，创新集群是传统产业集群升级的对象和目标；创新集群不仅包括产业集群升级的形态，还包括国家高新区二次创业的结果形态、科学知识驱动的原始创新集群形态以及倚重创意和知识的创意文化产业集群形态。因此，创新集群概念的扩展力很强。

从语词上分析，创新集群是简洁的表述。根据奥卡姆剃刀原理，简洁的概念取胜。创新集群比创新型产业集群的表述简洁，而且创新型产业集群并不包括技术经济空间维度的创新集群；类属上分析的其他类似表述也不如创新集群简洁。

从集群实践和信息技术发展上分析，产业集群概念也需要新的突破。Rychen 和 Zimmermann（2008）指出地理邻近的经济主体同处一地不是协作的充分条件。更重要的是理解公司如何以及为什么构建连接、连接结构如何对同处一地的主体产生意义或没有产生意义？产业和创新绩效在何种程度上依赖于经济主体持久地同处一地？这些问题导致我们必须丰富集群的概念，它通常被视为产业和技术活动的空间集中（spatial concentration）。在何种程度上它把互动结构视为限定在有限地理范围内仍然是切题的？Bathelt et al.（2004）把集群互动结构视为地方 buzz 和全球 pipelines 的结合；Boschma（2005）把邻近（proximity）区分了五种维度：地理邻近、认知邻近、社会邻近、组织邻近和制度邻近；各种主体视其资源和环境利用相应的邻近模式。因此，Rychen 和 Zimmermann（2008）得出推断：集群应该被视为更少受时空限制的协作结构（coordination structures）。而具有地理空间和技术经济空间两个维度的创新集群是符合这个发展趋势的。

无论是 Porter（1990，1998）还是王缉慈（2001）都认为成功的产业集群是集中在某一地理区域上的生产活动的集中，即地理集中可以认定是产业集群的区域特征。产业集群的特点是依赖产业相关领域的企业和组织在某一地区集中，在价值链上细密的分工合作以降低成本，从而取得地区竞争力；它产出的产品大多是成熟技术的产品或渐进改进的产品，这在后发国家表现的尤其明显。而创新集群的特点是从组织形态上表现为发达的组织间合作关系，从创新过程上表现为研发经费的大量投入和知识及技能的密集交换，从结果上表现为新产品、新技术和新专利的不断涌现。因此可以认为产业集群着眼的分析焦点在于生产，实际上产业集群是生产集群；而创新集群着眼的分析焦点在于创新，结果表现为创新产品和服务的大量出现。

从这个角度才能正确理解到底何谓高科技、后发国家应该发展何种高科技。假如集中在某地的一些企业生产电脑所用的光盘或硬盘，如果这些企业从组织形态上分析没有发达的组织间合作关系，从创新过程上分析没有研发经费的大量投入和知识及技能的密集交换，从结果上分析没有新产品、新技术和新专利的不断涌现；只是在生产成熟的技术产品，那么这样的集群就不是创新集群。假如传统产业（如纺织业）的一些企业，为了升级改造已有产品或根据消费者需求联合一些研究型大学研发新的产品，例如研发可以根据体温变化调节纺织品纤维透气度的新产品；从组织形态上表现为纺织企业和纺织大学以及设计中心发达的合作关系，从创新过程上表现为研发经费的大量投入和知识及技能的密集交换，从创新绩效上表现为新产品、新技术和新专利的不断涌现；那么即使属于传统产业，这些纺织企业所在的集群也是创新集群。

从生产系统和知识系统方面分析，Bell 和 Albu（1999）指出生产系统是以材料或产品的生产和贸易为中心，而知识系统是由知识库和知识流构成；技术变革又主要是以知识为中心的过程；尽管两个系统存在重叠，但在一些情况下以产品为中心的连接很少或没有创造知识、扩散知识，墨西哥鞋业集群与外部购买者的案例即是如此。生产系统和知识系统的区分在一定程度上也能反映传统产业集群和创新集群的区分。

从创新过程和学习过程上分析，Hamdouch（2008）指出 Nooteboom（2004）的开发和探索（exploitation vs. exploration）逻辑能够作为一个富有成效的分析工具用以特征化创新集群、创新网络与产业集群、产业网络，即创新集群的主导逻辑是探索（exploration），而产业集群的主导原则是开发、利用（exploitation）。组织学习的学者 Peter Senge（1990）将学习作了有用的区分：适应性学习和生成性（generative）学习两种模式。

适应性学习中组织应对外部世界的变化但它的共享心智模型没有发生任何重大的变化；相反，生成性学习更有创造性，而且共享心智模型中出现了意义重大的变化。把这一研究成果应用到集群场景下也是贴切的，创新集群的学习过程是生成性学习，产业集群的学习过程是适应性学习。这个方面的区分不能作狭隘理解，不是说消化、吸收、开发和适应性学习已经不再重要，而是在其基础上于产业升级压力下必须走向探索逻辑和生成性学习过程。

而传统产业集群的创新模式主要是模仿创新（李小建、李二玲，2004）。我国传统产业集群中少数企业模仿创新活动比较活跃，但是多数企业处于要素依赖和低成本竞争阶段，企业自主创新动力不强（魏剑锋，2008）。随着集群的形成、成长和成熟集群企业的创新过程经历了模仿创新、创造性模仿、改进型创新到后二次创新的演变；学习模式由适应性学习、维护性学习、发展性学习转变为创新性学习（郭京京、吴晓波，2008）。

表 3-5　　　　　　　　　　创新集群和产业集群的区别

	产业集群	创新集群
分析焦点	生产与效率	创新与技术
组织结构	基于流程（process-based）	基于技术（technology-based）；
区域特征	地理集中	地理空间集中或技术经济空间集中
市场特征	市场集中	市场集中
创新模式	模仿创新	自主创新
创新过程	开发	探索
学习过程	适应性学习	生成性学习
生产系统 vs. 知识系统	生产系统	知识系统
产出特征	成熟技术的产品 目标是物美价廉	以知识为内核的新技术和新产品，目标是新的需求
本质特征	价值链或供应链的互动连接	新产品的大量出现；知识密集交换；创新连接

综合以上分析，创新集群和产业集群的区分可以概括为表3-5的内容，还有组织结构等其他方面的区别（Hsien-Chun M. 2003），参见表3-5。对于创新集群识别的初步考察可以在表3-5的基础上进行，大致上认为创新集群具有三个判断基准（bechmacking）：从组织形态上分析是否表现为发达的组织间合作关系（质和量两方面），从创新过程上分析是否表现为研发经费的大量投入、是否具有知识技能的密集交换、是否符合生成性学习和探索逻辑，从结果上分析是否表现为新产品、新技术和新专利的不断涌现。创新集群识别研究的工作很是艰巨，需要在大量案例分析和定量研究的基础上展开，囿于资料限制将在未来的研究中加以充实。

第四节 创新集群的分析层面、边界与方法

分析层面。OECD（1999）指出了在宏观、中观和微观三个分析层面上集群的概念、分析焦点和连接内涵，参见表3-6。

表3-6　　　　　　　　　不同层面上的集群分析

分析层面	集群概念	分析焦点
国家层面（宏观）	经济作为一个整体上的产业群的连接	·国家/地区经济的专业化范式 ·在巨大集群中产品和流程升级和创新的需要
产业层面（中观）	在相似最终产品的产品链的不同阶段上产业间和产业内连接	·产业的SWOT和基准分析 ·开发创新需要
公司层面（微观）	围绕着一个或更多核心企业的专业化的供应者（公司间连接）	·战略商业发展 ·链（chain）分析和链管理 ·合作创新项目的发展

资料来源：OECD（1999）

分析边界。Martin和Sunley（2003）认为Porter（1998）给出的集群定义中缺乏清晰的边界，无论地理边界还是产业边界。应该承认，确认集群以及创新集群的边界是一个困难的问题，Porter也只是模糊处理。OECD（1999，2001）所谓作为简化国家创新系统的集群概念最终落脚在一种网络或体系，由于没有给出网络边界，也没有明确指明其边界。

由于创新企业是创新集群的主体,所以考察创新集群的边界可以从考察创新企业的边界中得到启示。企业边界分析存在两种思路:基于交易成本分析和基于能力理论的分析。科斯提出了"企业为什么会存在"的问题,由此也提出了企业边界的问题。科斯认为企业边界在于企业外部交易成本与内部组织成本相等的那一时空点;但是其假定是企业收益不变,隐含的假定是企业技术水平不变,也没有考虑企业组织创新,所以这种考察是静态分析。

如果把交易成本理论应用于集群的边界分析,理论上能否寻找到集群内组织成本与市场交易成本相等的那一点,这里存在两个需要注意的问题。第一,假如使用这种方法在理论上确定了边界点,如何给出具有操作性的识别集群边界的方法?第二,当在论述企业内部组织成本时,企业作为一个法人,内部采用权威和命令代替价格机制实现协调;借用这里的组织成本应用到集群分析相对应的组织成本是什么;当论述一个企业的外部交易成本时,这个外部是清晰的,即企业外部;但是一旦应用到集群分析时相对应的外部该如何理解,每一个企业都有外部活动,这些企业和其他组织构成集群;即由这些都有外部交易活动的组织构成的集群其外部该如何理解?如果不能确定集群的外部就无法使用交易成本理论;但是如果已经知道了其外部也就不需要使用交易成本理论来确定其边界了,从而陷入循环论证问题。因此使用交易成本理论来确定集群边界值得商榷。

基于能力的企业理论认为,企业的实体、结构和边界是由结合个体或团队的能力的实体来解释的(霍奇逊,2007),因此企业的边界由企业的能力界定,即企业的边界就是企业的能力边界。企业的能力边界由企业在产业结构中的地位、企业创新能力包括学习能力、吸收能力、知识生成能力等决定。由此推断,创新集群的边界就由创新集群中创新型组织(以创新企业为主体)各自的能力边界以及各种能力互动交织的合成边界所决定。合成边界即各种能力互补并相互加强后实现的能力边界或者 1+1>2 的综合效应边界。创新型组织的能力边界由其创新能力、市场开拓占有能力以及对于上下游的市场权力所决定;合成边界往往由创新集群的品牌影响力等无形资产所决定。在操作层面,创新集群能力边界则可以通过调查获取众多企业的互动网络,这些网络的叠加就是集群的大致能力边界。

分析方法。案例分析法是现有创新集群研究的主要方法,例如 OECD(2001)对于欧洲创新集群的研究报告;Hans-Dieter(2008)对于知识集群的分析；Lee（2003）对于韩国创新集群发展阶段的研究；Whalley 和 Hertog（2000）细致研究了创新集群中研究和技术组织（RTOs）与知识密集型商业服务公司（KIBS）的角色和功能；Preissl（2003）对于德国汽车元器件创新集群的分析等。

刘友金（2007）基于欧洲创新集群文献指出利用空间计量经济学研究创新集群是未来创新集群研究的一个方向。Moreno、Paci 和 Usai（2005）研究了欧洲创新活动在空间上集群的程度以及为什么，就使用了空间开发分析描绘创新活动在何种区域上和何种程度上集群，并利用数理统计模型给出相关性分析。使用空间技术研究创新集群实际上是研究创新的产业分布问题和地理分布问题即创新地理学。Feldman（2003）指出创新地理学的研究方法还有专利引文、明星科学家的区域流动等。

研究方法的选取取决于研究对象和研究目标的属性；如果试图确认和识别某产业和区域是否存在创新集群，可以尝试使用空间描绘技术、专利数据等方法；如果试图研究创新集群中的网络类型学、网络中心性、网络密度等可以尝试使用网络分析方法；如果试图深度描写创新集群的发展过程、组织发育过程以及演化轨迹可以尝试使用案例分析方法。案例分析方法相对于形式分析方法依然具有不可替代的作用，最重要的在于前者抽象和简化的程度较低，强调创新集群的演化过程和多种主体互动的丰富异质性。

第五节　本章小结

通过创新集群研究谱系的考察，本书认为创新集群吸收了创新理论的重要成果；创新系统研究是创新集群最主要的理论来源；创新集群也融合了区域理论、产业区、产业集群和创新地理学的理论成果；创新集群的地理空间和技术经济空间两个分析维度都具有广阔的研究前景。另外，这项研究所获得的启示可以得出未来研究的重点方向：（1）马歇尔的"知识流动在集群空气中"思想可谓深入人心，但是何种知识流动在空气中能够带来创新的问题却没有得到应有的重视；经济上有用的知识是如何创造出来的问题还没有解决；（2）互动学习理论自 Lundvall 等学者开创以来一直在蓬勃发展，依然代表着未来的研究方向。然而当前创新集群研究还未能与学习理论充分融合。学习的主要目的是新知识的吸收和获取，那么在社会互动学习过程中新知识如何生成，哪些因素、机制影响新知识生成，这些问题值得深入研究。

另外，本书基于集群实践和区域创新体系的发展以及国内外相关文献考察了创新集群的本质含义。综合分析表明新知识生产和新产品大量出现是创新集群的本质含义和必要条件；无论在术语上如何指称和变化，创新集群必须具有这一必要条件。地理接近和地理集中都是成功培育创新集群的重要条件但并非创新集群的本质含义。在未来的研究中还需要深入考察创新集群的识别与判定、如何针对创新集群的特质来制定具有操作意义的集群政策工具。

第四章　知识库、联盟库与创新集群知识治理机制选择

知识治理意指治理知识过程，通过一系列协调机制有效地影响知识创造、转移和分享的过程（Foss, 2007）。开展创新集群知识治理研究在丰富知识治理理论的同时，还可以为创新集群的发育、发展甚至衰退提供更深刻的解释。显然，创新集群知识治理研究具有重要的理论价值和实践意义。但是在创新集群中如何选择相应的治理机制从而有效地创造、转移和分享知识？是什么因素影响到创新集群知识治理机制的选择？在创新集群发展过程中哪些因素影响到知识治理机制的演化？这些都是后发国家尤其是中国在面临高新区二次创业、产业集群升级背景下必须认真思考的命题。

第一节　知识属性、组织属性与知识治理机制选择

无论是 Penrose（1959）还是 Fransman（1998）都感慨知识是一个困难的概念、知识主题太难以把握了[1]，主要原因在于知识的多元属性。知识既具有抽象的属性，也具有具体的实体指向。几乎所有常用的分析视角都可以用来透视知识，诸如知识是私人品还是公共品抑或集体物品；知识能否编码还是处于默会状态，但是知识是否永远不能编码和形式化、取决于什么这些也是疑问；从区域角度可以分为地方知识和全球知识；按照知识内容分析又可以分为知道什么（know-what）、知道为何（know-why）、知道如何（know-how）和知道谁（know-who）；知识不仅具有认识论维度，还具有存在论维度；更不用说知识的固有属性——阿罗所谓的揭示困

---

[1] ［英］弗朗斯曼：《信息、知识、愿景与企业理论》，见多西等编《技术、组织与竞争力：企业与产业变迁透视》，上海人民出版社2007年版，第120—155页。

境，没有披露出以前难以认识到它的价值，可是披露以后独占性就随即消失了，无论如何也不能使之不扩散；这就导致了一系列难题——交易困境、估值困难、产权纷争等等。虽然如此，正如 Fransman（1998）指出知识在经济生活中扮演越来越重要的角色，我们别无选择，只能深入研究知识概念和属性从而建立更为坚实的组织理论。无独有偶，Contractor 和 Ra（2002）也是基于知识属性探讨了联盟治理模式的选择。

企业知识的属性如何影响联盟治理模式的选择，这是 Contractor 和 Ra（2002）研究的问题。为此他们提出了一系列命题：知识嵌入程度越深，从知识供应者到知识接受者的知识转移成本越高；知识可观测性与知识嵌入性是负相关关系；大多数有价值的技术和竞争能力都储存在嵌入的惯例中，如果其他条件不变，知识嵌入程度越深，机会主义侵占的后果会越严重；知识嵌入程度越深，知识拥有企业与潜在知识接收企业之间的信息不对称越严重；在知识公共品和知识深度嵌入连续统之间，披露困境在连续统中间位置最严重，且呈现倒 U 形；估值困难与嵌入性是正相关关系；在知识公共品和知识深度嵌入连续统之间，知识产权的重要性呈现倒 U 形曲线；知识编码程度越高，联盟治理模式越可能选择许可、离散重复协议和一次性协议；知识新颖程度越高，联盟安排越偏好战略供应链伙伴、权益合资企业和整个所有的子公司；知识复杂性的提高将引致联盟治理模式采用战略供应链伙伴、权益合资企业和整个所有的子公司方式；知识可教性越高，联盟模式越可能倾向许可、离散重复协议和一次性协议；知识越是嵌入在组织或部门惯例中，联盟模式越是倾向于权益合资企业和整个所有的子公司方式。

Antonelli（2005）也是基于知识属性研究了治理系统。知识视为公共品时，公司治理机制倾向于大公司、提前设置进入壁垒和内部金融市场；国家层面的政策是公共资助、公共补贴，但其局限在于较差的激励、较差的分配以及国际搭便车行为（参见表4-1）。知识作为私人品时，公司治理机制倾向于全球跨国企业、金融市场（风险资本、IPO 和并购）、知识外包、知识市场、大学作为知识供应者；适用的政策主要是强硬和宽泛的知识产权战略，其局限在于知识权衡和排他性（参见表4-2）。知识视为地方性集体的活动时，公司治理机制倾向于知识网络、认知共同体、技术区域、合资企业、KIBS、外包、技术平台、风险资本家作为知识提供者、专利丛林等，所涉及的政策指向动态的合作行为（参见表4-3）。Antonelli 同时指出知识经济学的第一个主要转向就是知识作为公共品的理念受到了挑战，知识被视为了准公共品。随后在 Lundvall 等学者的影响下，知识被视为一个集体的、互动的过程，相应地分析焦点集中在主体之间一系列知识互动的治理机制方面。在这个主体互动创造知识的过程中，地理空间和距离概念被引入了，也因此知识属性越来越丰满，也越来越接近实践。所以 Antonelli 强调在当前科技政策辩论中经常会发现不恰当的分析概念能够在制度设计时导致重大的错误。

表 4-1　　　　　　　　　　作为公共品的知识

特性	非专属性、非排他性、结果和应用的不可预测性、使用中的非竞争性、不可分性、不可耗尽性、不可交易性
过程	演绎的过程、线性系统、从上到下、研究与发展
公司治理	大公司、进入的事前障碍、国内金融市场
政策	知识公地、公共采购、公共补贴、狭窄的专利范围
领域	民族国家
局限性	弱动力、低透明度、缺乏分配、缺乏监测、弱传播、国际间搭便车

资料来源：Antonelli（2005）

表 4-2　　　　　　　　　　作为私人品的知识

特性	从默会到编码、黏性、有限专属性、模块的分割、私人产权的资助、有限的可交易性
过程	归纳的过程、自底向下、学习、作为免费品的溢出
公司治理	全球公司、金融市场：VC + IPO + M&A、知识外包、知识市场、大学作为知识服务供应者
政策	知识公地的私人化、强硬而广泛的知识产权
领域	全球市场
局限性	知识权衡（trade-off）、排他、集中

资料来源：Antonelli（2005）

知识复杂性和知识差异化（knowledge differentiation）对治理机制存在显著影响。Grandori[①]（2001）指出当知识复杂性和知识差异化都处于

---

① Grandori A. Neither hierarchy nor identity: knowledge-governance mechanisms and the theory of the firm. *Journal of Management and Governance*, 2001, 5: 381-399.

低位时,通信网络很可能就足够了;当知识复杂性程度低而知识差异化程度高时,需要知识整合者或知识转换者;当知识复杂性程度高而知识差异化程度低时,共同体(communities)是适用的而价格和科层制是失灵的;当知识复杂性程度高而知识差异化程度也高,此时任务团队(teams)是适用的而共同体是失效的。

表4-3　　　　　　　　　作为集体行为的地方化知识

形式和特性	可清晰表述的（Articulable）、分散和碎片的；模块互补性、可累积性（cumulability）、复杂性、可互换性（fugibility）、知识路径依赖
过程	归纳和演绎之间的互动、内部与外部知识之间以及默会与编码知识之间的互补性、研究、学习、探索、交流、再重组、社会化
公司治理	知识网络、认知共同体、技术区、合资、知识型商业服务业、外包、技术平台、分拆、专利丛林、作为知识供给者的风险资本家、多种的开发：出售或使用
走向动态协作的公共政策	可互换性知识的公共供给、关于长期研究目标的可信公告、接口机构、作为基础设施的知识

资料来源：Antonelli（2005）

大多数学者致力于讨论知识转移的治理问题,而野中郁次郎、竹内弘高（1995）则专注于知识创造方面。他们从认识论（形式知识和默会知识）和存在论（个体、小组、组织和组织间）两个维度,开拓了组织的知识创造过程理论；默会知识与形式知识相互作用,然后从个体层面开始向较高层面动态扩展时,知识螺旋运动便被明确揭示了出来；即知识转化的四种模式：共同化,从默会知识到默会知识；表出化,从默会知识到形式知识；联结化,从形式知识到形式知识；内在化,从形式知识到默会知识。

以上研究主要着眼于知识属性如何影响组织的知识治理机制选择,那么组织属性又是如何影响组织的知识治理机制选择的呢？Contractor 和 Ra（2002）使用了知识接受者的学习或吸收能力及供应者的独占关切这两个因素回应了这个问题,他们指出当知识接受者的学习或吸收能力低而供应者的独占关切也低时,许可证或中期联盟是适用的；当知识接受者的学习或吸收能力低而供应者的独占关切高时,由中期联盟到权益合资企业是适合的；当知识接受者的学习或吸收能力高而供应者的独占关切低时，离散重复协议或者许可证是适用的；当知识接受者的学习或吸收能力高而供应者的独占关切也高时，只有权益合资企业是适用的。Grandori（2001）使用了利益冲突这个指标来表达组织属性，指出当组织间利益冲突高时，共同体和任务团队的治理模式都会失效，而价格和所有权分享可能是适宜的。野中郁次郎、竹内弘高（1995）则指出传统的科层制和任务团队这两者组织结构都不适宜用于组织的知识创造，需要创造新的组织结构，即超文本组织，这种组织结构将科层制和任务团队视为兼容的体系，由相互连接的层或情境构成。

以上研究中知识属性和组织属性主要是基于组织或企业层面而言的，即基于企业的知识属性和组织属性来研究知识治理机制选择；而非基于创新集群层面。

即使是野中郁次郎、竹内弘高这两位学者对于集群层面如硅谷和丰田模式的知识创造有对比讨论，但相对于其企业层面的知识创造研究，显然是着墨不多、显得单薄，还需要深入研究。

Beaudry 和 Breschi（2003）指出集群层面知识库（stock of knowledge）与获取专利水平存在联系，但是集群中集聚本身能否有利于企业的创新活动还有待研究，或许成为负外部性的来源。McCann 和 Folta（2008）指出集群层面属性如知识库能够影响到更高的潜在外部性，而且在相同规模条件下集群层面异质性源于其知识库的差异；另一个值得研究的集群属性是联盟库；拥有高水平跨集群联盟的集群将拥有更大、更多样化的知识库。进一步，McCann 和 Folta（2008）提出问题：除了集群规模，还有哪些属性与集群增益（the benefits of clustering）相联系？集群中知识库起重要作用吗？集群中联盟库起重要作用吗？集群内联盟与跨集群联盟哪一个重要？由于这是一篇长文综述，McCann 和 Folta 提出了问题，并没有给出答案，本书沿着两位学者的问题，尝试综合集群知识属性和组织属性以研究创新集群知识治理机制的选择。

第二节　创新集群知识治理机制选择的研究路径

知识的各种属性必须得到综合考察。知识的编码和默会属性是被提及最多的主题，但是知识的专有性及公共品属性在集群中的研究还不充分，集群内外并非编码知识都是可以无成本的转移的，集群中并非所有知识都是公共品；另外知识本身的复杂性也是需要加以重点关注的，无论是集群中蜂鸣的信息和知识（buzz）还是通过全球管道（pipelines）流通的知识都不意味着它们一定是同质的；集群的场景知识更是具有异质性；实际上知识的各种属性是知识异质性的来源。

知识属性必须结合组织属性加以综合考察。知识异质性需要结合组织异质性加以综合考察。组织异质性是指组织类型的多样性和同种或不同类型的组织能力的异质性。知识必须经过认知主体理解之后才能称之为知识，否则只能视为信息或数据；所以知识和组织的属性加以综合才能领会认知距离的概念，认知距离就包含了知识异质性和组织异质性两种属性。例如默会知识是嵌入场景的实践知识，那么非当地的组织主体是否真的无法学习、无法传播至别的区域？有些组织通过访问和参观即可实现学习的目的；但是有些组织即使看到了别人的操作过程（know-how）也不一定能够做出产品。实践中经常有些组织参观了同一家国外企业却感受不同：一家认为可以自己研发和生产、看到别人的工作坚定了自己的信心；另一家则是看到了自己的差距从而萌生退却之意。因此组织属性如认知主体的抱负、能力和知识累积也是知识转移和创造的重要影响因素。

虽然理论上说所有的知识属性和组织属性需要综合起来加以考察，但是在实际研究中由于难度太大、难以具备实际操作性。可行的研究路径只能是基于研究问题，简化一些属性或者暂时不考虑一些属性，选取一些集群层面的属性；通过这些选取的属性作为集群形态特征的表征，进而根据识别出的集群形态或集群阶段形态分析适配于其形态的知识治理机制。因此研究路径可以概括为图4-1所示。

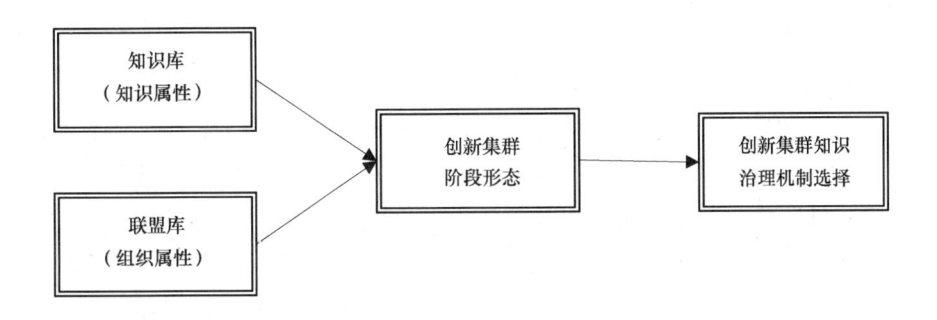

图4-1 创新集群知识治理机制选择的研究路径

第三节 基于知识库和联盟库的集群形态二维框架

这里选择的集群层面属性是创新集群知识库和联盟库。知识库是能够映射很多其他属性的关键属性，例如集群层面的吸收能力；这个集群吸收能力是集群知识库的函数，即集群吸收能力的大小取决于集群知识库的高低；又例如集群层面的异质性也取决于集群知识库的差异。也就是说，在研究条件不具备时可以使用集群知识库涵盖它能够反映的属性，在研究条件具备时可以再给出更为细致的操作化。而联盟库也是一个关键属性，创新集群内外部的知识流程都需要依赖联盟库得以刻画，没有丰富的联盟库也不会在集群内部形成有效的知识螺旋运动。知识库的度量，投入侧使用R&D数据，产出侧使用新产品、专利和论文度量（Han，2007）。联盟库（alliance stocks）的度量，包含质量和数量两个维度，使用企业技术联盟、服务性技术组织、RTOs 等加以度量（Liyange，1995；Farina and Preissl，2000；Tether，2002）。尽管知识的精确度量和基数度量难以实现，但是通过不同集群比较和集群不同阶段比较的方法可以实现序数度量。

根据集群层面知识库和联盟库的差异，本书构建了一个识别集群形态的二维框架模型，如表4-4所示。

表4-4 基于知识库和联盟库的集群发展形态

知识库 \ 联盟库	低	高
高	C	D
低	A	B

根据上述二维框架模型，可以识别出四种不同的集群形态。

第一种集群形态 A，其特征是知识库处于低位、联盟库也处于低位；此种形态属于集群发展的最初级形态，还没有形成成熟集群的形态特征；集群中缺乏大学、科研机构以及创新型企业等知识生产机构，同时，一群企业虽处于同一地理位置，但在产业链上下游没有形成有效的分工和配合，甚至并不属于一个产业，还没有形成产业关联。例如一些经济开发区没有明确的产业引进战略，经过招商引资以后，各种企业都在一个开发区内，但是产业之间没有形成关联和协同效应。

第二种集群形态 B，其特征是知识库处于低位、联盟库处于高位。此种形态包括传统劳动密集型产业集群形态 B，表现为技术创新水平较低、研究与发展投入水平较低、新产品开发力度较小、以仿制和模仿创新为主；但是在产业链上下游企业之间分工细密、企业之间形成紧密的供应链合作关系，这种联盟关系主要涉及企业间的产品贸易关联，还没有形成有效的知识创造的联盟形态。在后发国家实践发展中这种集群形态比较常见，例如我国广东的一些专业镇、浙江沿海的劳动密集型产业等。

第三种集群形态 C，其特征是知识库处于高位、联盟库处于低位。此种形态包括三种：（1）C_1，知识集群或研发集群形态，表现为高水平大学、科研院所林立，专利拥有量也较大但是技术成果转化为商品率很低，转化为市场适销对路的成熟商品率更低，大学、科研院所企业之间的连接，无论是连接的数量还是连接的质量都很薄弱，这种情况在我国中西部地区明显存在，尽管拥有足够多的教育基础设施和科研院所，但是却没有形成有效的集群形态；（2）C_2，FDI 进驻后的集群形态，表现为 FDI 进驻某一地区之后，并没有带动当地的企业发展，或者当地企业由于与跨国企业之间认知距离过大，而无法融入 FDI 跨国企业的供应链，或者嵌入跨国企业价值链的低端环节而不能自拔；（3）C_3，集群内高新技术企业虽然具有较高的知识库和高技术，但是它们的知识来源却并不相同甚至属于不同的技术轨道，因而企业间缺乏足够的互动和连接。

第四种集群形态 D，其特征是知识库、联盟库都处于高位；此种形态可以视为发育良好的创新集群形态，既存在高质量的知识生产机构如知识型企业、大学、科研院所，而且它们之间密切合作，存在多种多样的网络连接，形成知识创造的"场"情境，在高度互动中完成知识螺旋运动。硅谷是其典型代表，相对发展中国家，在发达国家这种形态更为常见。同时也需要预警成熟集群的衰退形态：（1）集群中已经形成高度的组织间合作关系，各种协会都已经运作多年，但是知识同质性很高，缺乏与外界交换知识的新通道，新知识创造无法满足技术进步的需求，按照这种趋势发展将不可避免进入衰退阶段，这时需要将知识库属性进一步细化，加入多样性、异质性和同质性维度；（2）虽然具备各种知识中心，但大企业的兼并、收购降低了多样性，减少了原本丰富的联盟关系，削弱了演化动力。

第四节　基于集群形态的知识治理机制选择

理论上认为，在历时演化中上述四种集群形态存在两种趋向，一是从A到B再到D演变；二是从A到C再到D演变。至于沿着何种路径演变，须视集群本身特性决定。

针对集群形态A，适用的治理机制是培育土壤，增加教育基础设施；引进领军企业，并创造适宜的情境使得领军企业的知识扩散到当地企业。概言之，针对知识库处于低位、联盟库也处于低位的情形，必须首先培育基础性知识生产机构并且使之知识扩散在当地环境中。

针对集群形态B，适用的知识治理机制有：(1) 构建知识创造的集体行动。(2) 现有传统产业知识与新兴产业知识相联结，实现知识的联结化。集群发展为B形态的重要原因之一是现有企业没有动机去创造新知识、新产品，或者即使具备动机但是存在严重的"搭便车"行为使得创造新知识和新产品得不偿失。如果自组织机制失效，无法自发演化出集体行动的权威力量，那么必须借助于外在权威如政府介入，从而实施知识创造的集体行动；创造共同投资、共同受益的知识守门人、知识平台，这种知识平台作为俱乐部式的公共品存在，或者完全由政府投资创建知识平台，政府只能起到引导集体行动的作用，根本之策在于企业必须成长为知识创造的主体。

针对集群形态C_1，适用的治理机制是构建产学研框架协议，实现企业需求和大学、科研院所的供给相对接；建立企业和大学、科研院所的密切合作关系；实现知识双向扩散（企业有关需求的默会知识、洞察扩散到大学、科研院所，大学、科研院所的形式知识转移到企业）和知识相互联结（企业已有的形式知识与大学、科研院所的形式知识相联结）。针对C_2，主要原因在于当地企业和FDI的认知距离过大，因此需要高强度的知识学习以缩短认知差距，这就需要高水平大学和科研院所的建设、科技型中小企业的培育等。针对C_3，由于它们的知识来源并不相同甚至属于不同的技术轨道，适用的知识治理机制是增进共性技术合作、培育共性技术平台。

针对第四种集群形态D，在维护前述阶段的治理机制的同时，考虑到集群生命周期、技术轨道的惰性和路径依赖等因素，必须防止D蜕变为成熟集群的衰退形态,必须根据大企业的市场势力制定相应的规制方案,以防止大企业阻碍新知识和新技术的产生、扩散和使用,更加重视创新型新企业的培育;增加多样性,增加不同产业之间的知识联结,增加集群的知识异质性和组织异质性,维护地方与全球的知识管道,增进集群国际化,以保持集群的活力。根据以上分析,基于集群形态的治理机制选择模型可以概括为表4-5。

表4-5　　　　　基于集群形态的知识治理机制选择模型

集群形态	知识治理机制
A	培育知识生产的土壤、增加基础性知识生产机构
B	构建知识创造的集体行动、创造知识平台、形成"场"情境（培育共同语言、共同文化等）；传统产业知识与新兴产业知识相连结
C_1	构建产学研框架协议、鼓励知识双向扩散和知识联结；创造知识平台、形成"场"情境（培育共同语言、共同文化等）
C_2	高强度的知识学习以缩短认知差距
C_3	增进共性技术合作、培育共性技术平台
D	防止大企业对技术进步的阻碍,更加重视培育新创企业; 增加多样性,增加集群知识的异质性和组织异质性;维护地方与全球的知识管道,增进集群国际化

第五节　法国索菲亚·安提波利斯ICT创新集群案例分析

一　案例选择的标准

案例选择的标准基于研究目的的设定、理论问题和研究限制（罗伯特·K. 殷,2004）。本书研究旨在为中国等后发国家的创新集群培育和发展提供理论支撑,因此所选择的案例在一定程度上需要与中国创新集群发展所面临的情境相类似,或者说具有一定的可比性。同时所选择案例能够与所研究理论问题相契合,即能够明确地使用知识库和联盟库的程度表征出集群阶段形态,从而为知识治理机制选择做好准备。另外,由于研究条件限制,并不可能在无限的案例中作出最优选择,只能在满足前两个条件前提下做出满意选择。基于以上分析,本书选择法国索菲亚·安提波利斯（Sophia Antipolis）ICT创新集群为研究案例。首先,在原来是旅游区的基础上，法国索菲亚·安提波利斯科学园区吸引了知名跨国企业的入驻即FDI 的进入，这一点与中国等后发国家所面临的情境相类似；而且在 FDI 进入以后，索菲亚·安提波利斯科学园区面临着 FDI 一枝独大以及 FDI 知识如何转移在当地的困境，这一点也和中国等后发国家所面临的情境具有可比性。同时，从索菲亚·安提波利斯 ICT 创新集群的发展历程，也可以运用本书的理论清晰地表征其集群阶段形态。本案例的主要文献来源是Lazaric、Longhi 和 Thomas（2008）、李路阳和齐芳（2008）、马丰敏（2007）、陈平（2007）、王小芳和张永庆（2007）、克斯卡斯（2009）；既包括专业学术文献，也包括对法国索菲亚·安提波利斯科学园区主任罗斯琳·克斯卡斯的采访以及罗斯琳·克斯卡斯的演讲。有关索菲亚·安提波利斯科学园区的发展现状参见表 4-6。

表 4-6　　　　索菲亚·安提波利斯科学园区现状

指标	历史	企业数量	面积	年营业额	就业
指标值	40 年	约 1300 家	25 平方公里	44 亿欧元	4 万人
指标	主要支柱	主导产业	地位	多样性	国际化
指标值	企业、研究机构、大学和培训机构	电子信息、精细化工、生命和健康科学、环保科技、新能源等	欧洲主要高技术中心之一，欧洲最重要技术枢纽	超过 70 个民族和国家的人在此地工作	与 35 个国家存在合作，成立了国际科学园区协会

资料来源：李路阳、齐芳（2008）；克斯卡斯（2009）

二　安提波利斯 ICT 创新集群的知识库低位、联盟库低位阶段

索菲亚·安提波利斯科学园区前身并没有任何科学设施、也没有重要的科技产业；但是它拥有自身的区位优势，诸如明媚的阳光、蔚蓝的大海，具有明显的阳光蔚蓝效应；它交通设施优良，距离法国第二大的尼斯国际机场仅有二十多公里；另外，距离著名的戛纳电影城和格拉斯香水之都也只有十多公里。

索菲亚·安提波利斯科学园区是一系列小事件延续的结果（Lazaric, Longhi and Thomas, 2008）。第一个重要的小事件是 1960 年 IBM 研究中心

的进驻；美国德州仪器公司紧随其后。第二个重要的小事件是个体的企业家能力，1969年巴黎矿业学校校长皮埃尔·拉菲特提议在尼斯附近建立一个科学与智慧城；在科技人员、工程师和当地有关方面的支持下，成立了索菲亚·安提波利斯协会；通过向银行贷款在索菲亚·安提波利斯购买了土地；然后由索菲亚·安提波利斯协会牵头，规划基础设施，吸纳企业和研究机构进入。第三个重要的小事件是法国电信在索菲亚·安提波利斯建立电信基础设施的重要决策，为国内和国际交流网络的创造做出了突出贡献。

三 安提波利斯ICT创新集群的知识库高位、联盟库低位阶段

安提波利斯科学园区在吸引了大量外来企业、尤其是大型跨国企业以后，产业实力显著增强。然而这些跨国企业虽然大量投资在当地，但是却建立起了自我维持的单位、无须建立地方化的连接。而且这些企业具有自己的资源以支撑其自身的发展，它们之间也基本没有互动连接。因此，尽管存在地理接近，各种组织之间的认知距离是很严重的，互动是稀疏的。这些小事件创造了一个缺乏当地联系的"卫星平台"。这个阶段形成了两个主要的技术活动集群：计算科学、电子通信和电子学；生命和健康科学。

上述跨国企业的行为也是符合经济规律的，当地如果存在可以替代外部资源的本地资源，企业自动会选择本地资源。但是由于安提波利斯科学园区原先只有阳光和大海，并无科教基础；虽然经历了一些起步，但是地方劳动力市场仍然发展得不够、内生增长动力虚弱、中小企业和专业服务缺乏。

1982年法国权力分治法令的颁布，中央政府给予地方政府更多的自主权，一些中央级研究机构迁往索菲亚·安提波利斯，例如国家科研中心（CNRS）、信息和自动化国家研究院（INRIA）。这两个公立教育和研究机构对于当地的内生增长做出了重要贡献，尤其是INRIA，在地方技术发展方面扮演了基础性角色，有利于内生创新能力和地方新成立企业的出现。但是，这对于培训地方劳动力市场所需的毕业生是远远不够的。一个重要的转变是尼斯大学的一些研究院和博士项目迁移到了索菲亚·安提波利斯，校区的迁移始于1986年，不久就达到了临界质量。另外，自1982年开始，服务活动获得了显著发展。这些因素都有助于创造一些能够维持地方创新进程的能力。

总体而言，这个阶段拥有了一些大型企业的研究中心、国家级研究机构的进驻，以及地方性大学的发展，集群层面知识库得到了重大发展；但是企业和研究机构之间的连接、企业之间合作都还远不足以支撑安提波利斯的地方创新能力的内生发展。

四　安提波利斯 ICT 创新集群的知识库高位、联盟库高位阶段

（1）危机引致发展战略的转换。20世纪90年代初期的经济危机也波及到了索菲亚·安提波利斯，危机击中了增长的发动机即计算机科学活动，许多大型企业裁员压缩规模；另外这场危机也引发了当地发展战略的反思，即以往吸引大企业尤其是跨国企业的战略是否需要变革。广泛的讨论厘清了发展思路：发展地方创新能力是重要的，地方区位（location）是重要的，知识创造和吸收对于集群的生存是重要的，维持地方和全球互动的平衡是重要的。增长体制也需要从外生增长转换为内生增长，所面临的局限已经不再是吸引外来投资，而是创新、知识和特殊的协作。

（2）组织的变革。发展战略变革之后，索菲亚·安提波利斯科学园区的专业协会和俱乐部也随之调整了角色，即由原来的吸引大公司入驻等的游说角色转换为更加注重集体的、合作的行为创造。电信谷协会是其中第一批具有首创精神的机构，它原本由7家地方电信主体创立，现在包括了这个领域所有的地方参与者，无论是公立机构还是私人机构，无论机构的规模大小。电信谷协会并非园区中唯一的组织，还有欧洲主要的电信和网络标准机构；以及大量连接中小企业的协会和俱乐部（Imet，MITSA），连接研究所的机构（Persan），连接特殊技术的机构（Club Hi-Tech）；这些协会都具有明确的目的即促进网络化和地方集体学习能力；在企业创新活动的合作、有关技术和市场的信息提供以及地方联系的发展诸方面发挥着重要的作用。

（3）新的中小企业的创建。以往分拆而来的企业（spin-offs）主要来自研究机构，危机之后大企业也是其来源之一。大企业的压缩规模引致了新的中小企业的创建。很多中小企业依然和母公司具有分包关系，并且维持了高水平的解决问题的非正式互动。通过中小企业的创建，维持了新知识来源的创新动力，并且不再局限于大企业。

（4）高水平培训和研究能力的发展。如果缺乏高水平培训和研究能力的发展，内生增长体制的转换就不会成功。一个高水平地方劳动力市场的意义在于众多技能员工的流动能够促进默会知识和技术诀窍的扩散。现在索菲亚·安提波利斯的工作岗位中超过 50% 是高素质岗位，在信息技术部门这个比例上升超过 70%。

（5）知识平台的发展。在索菲亚·安提波利斯，存在一些中枢式的企业发展出一些关键的创新，或者引入一种新的知识形式，起到知识守门人作用。这种知识守门人主要功能发挥在垂直价值链合作上，事实上大多数内生增长都是在一定技术轨道基础上通过垂直生产关系实现的。然而现今新型 ICT 集群的基础在于嵌套连接的但是存在认知距离的各种技术，从微电子到通信到软件。那么如何在跨部门层级上通过水平过程实现不同知识基础的吸收呢？知识平台的价值就凸显出来了。电信谷协会和其他协会也在一定程度上扮演着知识平台的角色。电信谷协会作为集体行动的主要力量取得了快速发展。它推动了电信集群中不同机构（无论公私机构还是规模大小）的社会经济连接。

值得注意，知识平台并非只是成立一个组织、挂个牌子就实现了知识水平流动的功能；组织如果准备实现其预期功能，就必须丰富组织的资源、不断添加运作的项目而不是仅仅只有一个空的架构。在电信谷协会的架构下为了实现企业之间合作以及产业和学术界的合作，为了知识潜在吸收能力到知识吸收能力实现的转变，实施了知识管理平台（KMP）项目。项目的基本目标是：对于企业能力的描述以有利于提高共同理解；共同语言的发展以有益于能力的交换和组合（联结）；分享商业愿景包括对于市场特征和消费者习惯的共同理解，旨在准确地确认商业机会。

知识管理平台（KMP）项目创造了一个产生和维持知识交换和联结的共同的空间（common space）。知识平台为集群创造了许多机会，尤其是通过一个开放空间的共同表现形式的涌现。这种分享的表现形式（shared representation）有两个阶段发展：电信价值链的表现形式；电信集群的表现形式，包括电信集群所有的利益相关者，诸如地方发展机构、俱乐部和协会，研究院和电信标准机构以及法律、财务等咨询组织。集体空间的这种分享的表现形式加强了集体认同、影响了合作战略。电信集群的分享表现形式也决定了电信谷共同体的边界。分享这种表现形式的能力已经成为加入电信谷成员的必要条件。这些共同分享的表现形式激励企业参与他们能够参与的活动，在地区集群中为自己找到定位。另外，共同语言的发展（诸如能力的相似性和互补性）降低了各种主体之间的认知距离，从而为技术、科学和管理知识的重新组合和联结奠定了基础。

共同表现形式、共同语言和开放空间等因素实际上为索菲亚·安提波利斯 ICT 集群创造了适宜于知识创新的"场"或环境。根据野中郁次郎和竹内弘高（2006）的研究，硅谷和丰田模型都开发出了强有力的"场"，两者都显示出知识创造过程中"场"的重要性，即共有文化、价值观、语言和实际空间。因此，"场"的培育对于创新集群的发展是至关重要的。

第六节　本章小结

本章研究的主题是知识库和联盟库如何影响到创新集群知识治理机制的选择。知识库和联盟库对知识治理机制的影响作用是通过集群形态这个中间变量实现的，即基于知识库和联盟库的高低状态识别出集群发展的标志形态，然后根据不同的集群形态选择适宜的知识治理机制。制定培育创新集群的政策需要考虑到不同的集群形态和特质，笼统而空泛地讨论培育政策往往难以达到预定的政策效果。从知识库和联盟库高低这个视角研究创新集群知识治理机制选择，可以为创新集群培育的政策制定提供理论支撑。法国索菲亚·安提波利斯 ICT 集群的案例分析也在一定程度上说明了在不同集群阶段形态采用不同的知识治理机制的重要意义。本章虽然基于知识库和联盟库构建了创新集群知识治理机制的选择模型，但是集群层面其他的知识属性和组织属性仍然值得考察；另外，这个选择模型尚需更多的严谨案例分析加以验证，这些局限将在后续研究中加以完善。

第五章　创新集群知识治理的多维螺旋机制

早在1912年，马歇尔就提出产业区空气中流动着技术诀窍、商业秘密等各种形式的知识。但是空气中的知识是如何产生的？这个问题还没有得到解决。Feldman（2003）、Audretsch和Feldman（2004）进一步发问：经济上有用的知识是如何生产出来的？本章致力于研究的问题是创新集群中经济上有用的知识是如何创造及共享的。

就整个经济体系而言，竞争是发现知识的过程；哈耶克（1946）指出竞争是一种发现事实和形成意见的过程，通过传播信息，竞争使经济体系达成了统一性和一贯性；哈耶克（1968）指出竞争作为发现某一类事实的过程，不借助于竞争，这些事实将不为任何人所知，或至少是不能得到利用。柯武刚、史漫飞（2000）指出竞争是一种人类交往的动态演化过程，必须将竞争视为一种搜寻、检验和证实有用知识的过程，竞争的功能在于减少无知、扩散知识和抑制错误。

梅特卡夫（Metcakfe）认为可以追溯至亚当·斯密的洞识：知识生产和使用反映了分工、知识生产是分工的产物[①]；例如"机器改进一方面是出于机器制造人的聪明才智；另一方面也有些出于哲学家或思想家的聪明才智，他们的职业就是什么事也不做，但是观察每一件事情，因此他们常常能够把相距遥远和极不相同的事物的力量连结在一起"[②]。

就创新集群而言，更高层面的原理依然适用于创新集群，也就是说，创新集群中竞争依然是发现知识的过程，经济上有用的知识创造有赖于经

[①] ［英］梅特卡夫（Matcakfe）：《个体群思维的演化方法与增长和发展问题》，见库尔特·多普菲编《演化经济学：纲领与范围》，高等教育出版社2004年版，第130—150页。

[②] ［英］亚当·斯密：《国富论（上卷）》，山西人民出版社2001年版，第7—16页。

济竞争。然而，作为产业层面和区域层面的组织形态，创新集群中知识创造和共享活动的治理机制存在哪些独特属性？本章试图从两个方面加以论述：通过公共秩序构建知识平台以强化知识螺旋；通过私人秩序构建知识平台以强化知识螺旋。

第一节 创新集群中集体行动的需求分析

创新集群中因为存在众多参与者（actors or players），所以天然存在协调问题。Larosse et al.[①]认为在竞争环境中合作是较难以实现的集体利益。Larosse et al. 指出，弗兰德斯经济的各种市场失灵使公司无法充分利用当地的创新集群动力；信息不对称、目光短浅、缺乏合作和信任都妨碍了网络和集群关系的形成和出现；公司基于个体理性使自身利益最大化却没有很好地理解整体的优势。显然，这些问题需要某些组织构建新的协调机制、发挥新的决策角色。弗兰德斯的主要政策经验可以概括为：最理想的集群发展是市场上经济驱动引导和以新兴网络为基础的集群组织两种动力共同推动的结果；在大多数情况下各种开发机构、企业协会之类的组织与新集群组织相结合，发挥了重要作用。弗兰德斯的经验主要强调协调机制的构建，还有何种机制有助于创新集群集体利益的实现，这值得深入研究。又由于知识的溢出性，知识极其容易外溢导致创造知识的动力不足，尤其是在知识产权保护不力状态下；同时知识的固有属性又导致知识估值困难、披露困境等。

这一系列问题都导致对创新集群集体行动的迫切需求。巴泽尔（Yoram Barzel）将集体行动定义为许多个体同时采取的行动[②]。按照克罗齐耶和费埃德伯格的理论，集体行动可以视为行动者及其所构成的系统，其中"组织不是大自然的馈赠，是由人类半是有意识、半是无意识地构建而成，其目的在于解决集体行动的诸种问题，而其中要解决的最为重要的是

[①] Larosse J., Slaets P., Wauters J.. ICT cluster organizations in Flanders: cooperation in innovation in the new networked economy In: OECD. *Innovative clusters: drivers of national innovation systems* [R]. Paris, 2001: 113 – 129.

[②] ［美］巴泽尔：《国家理论——经济权利、法律权利与国家范围》，上海财经大学出版社 2006 年版，第 156—157 页。

合作的问题，以生产一些公共产品"①。无论是众人同时采取的行动还是行动系统都内在地包含着秩序——人和组织的行为结构。柯武刚、史漫飞认为人类的行为在本质上可以用两种方式来规范：（1）直接凭借外部权威，依靠指示和指令来计划和建立秩序以实现一个共同目标（组织秩序或计划秩序）；（2）间接地以自发自愿的方式进行，各种主体都服从共同承认的制度（自发秩序或非计划秩序）。② 在这两者社会秩序的基础上，这里将创新集群中的秩序分为公共秩序和私人秩序，前者意指创新集群中集体行动的构建和实施是由政府起主导作用，后者意指创新集群中集体行动的构建和实施是由私人企业或研究机构起主导作用。针对创新集群知识活动，这里首先分析前者，然后在下一小节分析后者。

第二节 公共秩序、知识平台与知识螺旋：以中关村信用知识平台为例

一 研究设计

（1）分析对象的选取。通过公共秩序构建知识平台的分析，本小节结合中关村科技园区加以阐述。原因如下：第一，中关村科技园区集中了大量教育设施和科技资源，存在孕育和发展创新集群的现实可能性；第二，中关村科技园区已经在软件、网络、电子和生物技术等产业取得了较好的发展，但是由于各个企业知识来源不同等原因造成的认知差距过大，出现了梁桂所述的"高端产业不集聚"的结果：即中关村科技园区的创新集群还处于知识库高位而联盟库低位的阶段形态，亟待升级到知识库高位、联盟库高位的阶段形态；因此，基于以上原因选取中关村科技园区创新集群作为分析对象具有现实针对性和理论自洽性。

（2）分析角度的选取。本小节从中关村科技园区的信用体系建设入手，阐述信用知识与其他知识往复螺旋运动的轨迹与价值。之所以选择这个角度，原因有：第一，信用体系的构建在现实市场中依靠私人企业是很难实施的甚至是不可能的，这一点与网上交易的虚拟市场不同，网上交易

---

① ［法］克罗齐耶、费埃德伯格：《行动者与系统——集体行动的政治学》，上海人民出版社2007年版，第1—18页，第26—28页。
② ［德］柯武刚、史漫飞：《制度经济学：社会秩序与公共政策》，商务印书馆2000年版，第171—172页。

可以依靠共同遵守的、强制性的技术规则来实施，也即信用体系这个角度是适配政府所应该扮演的角色；第二，通过信用体系这个角度回避了通常分析所采用的官产学视角，在培育创新系统和创新集群时政府不应该仅仅在官产学中扮演重要角色，甚至当前在类似于中关村的情境下，政府是否应该继续在官产学合作中扮演主导角色都有疑问，也即政府需要提供更为基础的公共产品供给，而非直接参与到技术创新中去。

（3）研究路径的设定。本小节主要研究公共秩序在创新集群知识平台构建中的角色，故此将公共秩序简化为政府尤其是最直接参与管理的政府层级。由政府出台公共政策，并组织实施，其他组织如企业响应这些公共政策；针对创新集群知识活动，政府由于其特定的权威地位，主要发挥知识整合功能；然后其他组织借助于这些知识整合功能实现知识螺旋运动，具体包括形式化即创新集群内部的默会知识转化为可查询、可存储的形式知识，联结化即由默会知识转化为形式知识之后又与其他类型或领域的形式知识相联结，内在化即转化和联结的知识影响集群企业或机构心智模式和内在行为的过程，共同化即借助于创新集群中各种管道（如协会、论坛、发布会以及私人聚会）分享整合的知识和各种行为知识。研究路径见图 5-1。

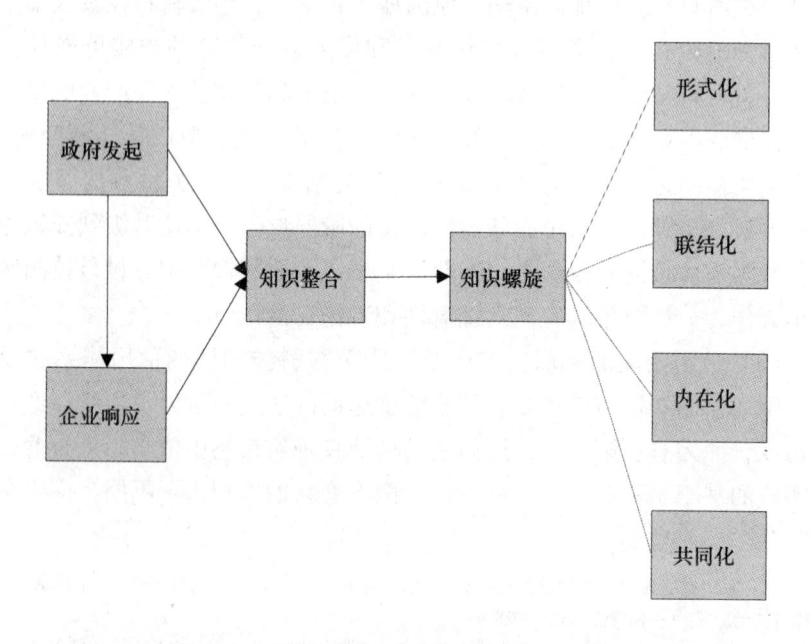

图 5-1　基于公共秩序的创新集群知识螺旋

二 中关村创新集群信用知识平台案例分析

（1）中关村创新集群发展现状简要描述①

中关村国家自主创新示范区位于中国的首都北京，始建于1988年，总面积232.52平方公里，是中国第一个国家级高新技术产业开发区。经过20多年的发展，中关村已经发展成为"一区多园"跨行政区的高端产业功能区，包括海淀园、丰台园、昌平园、电子城、亦庄园、德胜园、石景山园、雍和园、通州园和大兴生物医药产业基地。中关村重点发展电子信息、能源环保、生物工程与新医药、新材料等领域高技术产业。

2012年中关村示范区实现总收入2.5万亿元，同比增长25%以上。2012年，中关村技术合同成交额2459亿元，占全国近40%，其中80%输出到京外地区。中关村企业在京外设立分支机构超过8300家。示范区与全国40多个地区建立战略合作关系。以软件、集成电路、计算机、网络、通信等为代表的重点产业集群初步形成。集成电路设计产业收入占全国总量的四分之一，软件及信息服务业收入占全国总量的七分之一，引领了中国高新技术产业发展的潮流。

中关村是中国科教智力资源最密集、最具创新特色和活力的区域。拥有以联想、用友、百度为代表的高新技术企业2万余家；以北京大学、清华大学为代表的高等院校39所；以中国科学院、中国工程院、北京生命科学研究所为代表的科研院所206家；国家级重点实验室67个，国家工程研究中心27个，国家工程技术研究中心28个；TD-SCDMA等产业技术联盟37个，各类孵化器50余家，大学科技园14家。中关村的创新创业非常活跃，每年产生辐射全国的高水平科技成果数千项，新产生创业企业4000家；吸引境外风险投资额占中国大陆总量的一半以上；拥有微软、AMD、Google、诺基亚、NEC等世界知名跨国公司亚太或大区总部和研发机构80余家。

（2）中关村信用体系构建的需求分析

第一，企业投融资的需求。中关村的企业大多数都是中小企业，尤其

---

① 现状的材料来自中关村国家自主创新示范区网站（http：//www.zgc.gov.cn/yqjj_home/45746.htm）。

是科技型中小企业和新兴企业，还没有形成良好的品牌效应、社会知名度较低；大型企业因为自身品牌是长期投入的沉淀成本，所以非常注重企业信誉，在融资方面遇到的困难相对中小企业和新兴企业要小得多，对于科技型中小企业又存在难以评估的技术风险。另外，我国还缺乏完整、系统的信用系统，因此中关村的中小型企业在融资方面遭遇到很多困难，这可以说是高新区普遍存在的问题，即金融资本与科技资本对接的问题，这种对接需要信用知识的中介，否则难以解决信任问题。第二，园区集群企业之间开展各种合作的需要。在缺乏良好信用知识的前提下企业寻找合作伙伴的成本将会大大增加，人格化交易的比例将会大于非人格化交易的比例；而在具有良好的信用知识的条件下非人格化交易的比例将会大大增加。而对于园区的中小企业而言，系统整理、甄别相关企业的信用知识的成本很高，这些往往只能维持自身运转甚至必须寻找新一笔投资，无力单独解决相关企业的信用知识问题，这就需要发挥管区管理机构的优势。第三，构建园区集群品牌的需求。集群品牌这个概念，高闯等（2008）已有研究，集群品牌化的过程也是集体行动的过程；可以视为一种公共产品（public goods）或者说是园区的共同财富；如果没有良好的信用体系以及对于不良信用状况的制约，将极大地损伤园区集群的声誉进而累及园区集群中信用良好的企业，即劣币驱逐良币的情形。

（3）中关村创新集群信用知识平台构建及其知识螺旋运动

中关村创新集群信用知识平台的构建自2001年12月开始试点，这个信用体系主要由两个部分构成：中关村企业信用信息服务中心以及信用服务中介机构，前者从税务、工商、质量监督、劳动与社会保障等政府机构收集信息并向中介机构提供；后者专门从事企业信用的评估和信用管理等业务。2003年4月11日中关村科技园区管委会推出中关村企业信用联盟，旨在为科技型中小企业融资提供绿色通道。2003年7月12日，在中关村科技园区管委会的积极倡导和坚定支持下，中关村近百家知名企业发起成立中关村企业信用促进会；同时中关村管委会出台了"瞪羚计划"即高成长企业信用担保贷款绿色通道。截至2011年12月底，中关村企业信用促进会会员达到3384家，占示范区销售额1000万元规模以上企业的75%。

中关村信用体系实质上是一个由中关村管委会发起并组织实施的信用知识平台，发挥出明显的知识整合功能，这个平台在国家缺乏完善信用系统的背景下整合各个渠道的企业信用知识，这个平台的运作实施过程本质上可以视为知识螺旋运动的过程（参见图5-2）。

在信用知识平台构建以前，这些企业信用知识其实已经飘荡在中关村各集群中，但是这些信用知识的状态要么是零散的，例如分别属于互不共享的不同政府机构；要么是转瞬即逝的，仅仅保存在企业自身的记忆中而无法为更多的企业共享；要么是虚假的，企业为了各种自身利益存在提供虚假信息的动机；要么是隐藏的，即企业的信用状况本身没有问题或信用良好但是其他企业并不了解这些信用知识。

中关村信用知识平台的构建和知识螺旋运动有效解决了以上问题。

第一，信用知识的形式化或表出化。利用信用知识平台，可以整理出对于合作伙伴或者所了解的其他企业的信用知识，这些知识以前仅仅存在于企业自身的合作体验中，甚至只存在于企业中个别处理业务的具体经办人员中，还没有上升为组织知识。信用知识平台的构建不仅在知识论维度下实现了从隐性信用知识到显性信用知识的螺旋，而且在存在论维度下实现了从企业个体到企业组织再到中关村园区集群的知识螺旋。如果缺乏这种信用知识的形式化过程，就无法实现信用知识的有效共享。

第二，信用知识的联结化。联结化包括两种含义，首先是利用信用知识平台，可以整合、联结各种渠道的信用知识，包括政府机构提供和信用中介提供。例如有关企业的主要信息由政府提供。政府主要提供六个方面的信息：一是从工商部门采集企业的工商注册登记、经营管理者的基本信息、重合同守信誉情况以及不良经营记录；二是利用中关村管委会的现有统计，采集企业经营状况、财务状况、高新技术认定情况、科技活动情况、人力资源情况以及有关不良记录；三是从国税地税部门采集企业税务登记情况、纳税情况以及不良记录和处罚情况；四是从银行采集企业贷款及偿还、抵押或担保、贷款风险程度记录以及不良信用记录；五是从质量技术监督部门采集企业产品生产许可证、安全认证情况以及产品质量情况，包括质量检验情况、生产假冒伪劣及处罚记录；六是从劳动和社会保障部门采集企业参加社会保险情况、劳动争议、违法案件及处罚记录。汇集企业信用信息的范围可以涵盖公安、法院、仲裁机构、海关、卫生检疫、土地房管、公用事业等部门的相关信息。

联结化的第二种含义是已经联结了各种渠道的信用知识与中关村的融资政策相联结。"瞪羚计划"即为一例。"瞪羚计划"的设计原理是：将信用评价、信用激励和约束机制同担保贷款业务进行有机结合，通过政府的引导和推动，凝聚金融资源，构建高效、低成本的担保贷款通道。"瞪羚计划"的业务主体包括：中关村科技园区管委会、中关村科技担保公司、中关村企业信用促进会、信用评级机构和协作银行。具体功能承担如下：中关村科技园区管委会负责组织和监管"瞪羚计划"的实施，为企业提供贷款贴息支持；中关村科技担保公司负责受理"瞪羚企业"的担保申请和资格认定，提供快捷担保服务，实施在保管理和违约追偿，代办贴息业务。对不能给予担保的项目，须向中关村科技园区管委会作出说明；中关村企业信用促进会负责对"瞪羚企业"进行信用管理和"五星级"评定，负责对其指定的信用评级机构的相关业务进行指导和监督；信用评级机构负责对"瞪羚企业"进行信用评级，对企业的信用疑点必须进行深度调查，并有义务将相关情况告知中关村科技担保公司。对不能评为 ZC3 的项目，须向中关村企业信用促进会作出说明；协作银行负责向获得担保的"瞪羚企业"发放贷款，实行"见保即贷"，执行基准利率。"瞪羚计划"的信用奖惩措施如下。信用奖励措施：实行"五星级"评定制度。企业首次获得"瞪羚计划"支持，即被评定为"一星企业"，贷款贴息率为 20%。以后每完成一个年度的履约，增加一个星级，贴息率增加 5%，最高达到"五星级企业"，贴息率最高为 40%。合作银行实施快捷贷款审批程序，执行流动资金贷款基准利率。信用处罚措施：企业若发生与"瞪羚计划"相关的违约行为，在担保公司和银行对其追偿的基础上，给予降低"星级"处罚，视情节轻重，可向社会公布其失信行为，乃至开除出信用促进会。[①]

第三，信用知识的内在化。中关村集群信用知识的内在化主要体现为在中关村管委会的政策引导之下企业和相关机构自动调整自身的组织行为。具体包括：在政策引导或其他企业示范之下企业的行为动机发生改变，由动机改变引发企业心智模式的改变，进而引发企业知识储备和学习方式的变革，最终影响到企业行为的变革；由以往对信用知识的漠视改变为积极申报企业自身的信用等级（专栏资料 5-1、专栏资料 5-2 可以作为企业和机构行为变革的佐证）。例如上文中"瞪羚计划"中的信用奖惩措施；例如在《促进中关村科技园区企业信用体系建设的办法》中可以

---

① "瞪羚计划"的材料来源为中关村国家自主创新示范区网站（http://www.zgc.gov.cn/yqzc_home/trzzc1/44413.htm）。

发现政策引导的明显动机,其中第五条规定是具有良好信用的企业可以申请中关村园区产业发展资金、企业担保贷款补贴资金等公共财政资金支持;第六条规定是具有良好信用的企业可以申请小企业扶持资金、留学人员扶持资金等公共财政资金支持;第八条规定是中关村管委会对使用信用产品的企业给予购买信用中介服务费用50%的资金补贴,对连续使用信用产品并达到一定等级的企业给予一定的奖励;第九条规定是鼓励企业将信用风险管理纳入企业管理,逐步建立规范的企业内部信用管理制度和机制;对企业内部设立信用管理机构的一次性给予10万元资金支持;第十一条规定中关村管委会对符合申请信用贷款条件的园区企业给予贷款基准利率20%—40%的贴息,贴息幅度与企业信用等级挂钩。

专栏资料5-1　水规院获中关村企业信用AAA认证

中交水运规划设计院有限公司近日顺利通过中关村企业信用评级,荣获AAA等级认证。

中关村企业信用评级是北京中关村高新科技园区为了满足社会各界对企业信用档案和其他信用信息的需要,由信用中介服务机构在有效整合企业相关信息并在实地考察的基础上,对通过科技委员会认定的高新技术企业提供一种综合评价企业信用能力的信用评级。它对企业承担一般无担保债务和履行经济合同义务能力的判断有重要价值,是对企业财务实力和综合信用水平的评价。该资质分三等九级,最高为AAA级。据悉,由于标准较高,在2007年申请该评级的近千家企业中,获得AAA认证的仅10余家。

专栏资料5-2　北京清软英泰信息技术有限公司成功通过中关村企业信用评估

近日,清软英泰公司成功通过中关村企业信用等级评估,获得ZC2的信用级别,表明该公司在企业经营上取得了良好的业绩,在信贷、纳税等各方面具有很高的信用度,并享有较好的社会信誉。这次信用等级的评估是通过国内知名的专业信用评估机构——联合资信评估有限公司进行的,经过对公司经营、信贷、纳税、社会信誉度等各方面内容作了全面深入的了解,通过评审专家的细致分析与严格审核,最终评定信用级别,从而充分肯定了清软英泰几年来取得的优异成果，并为清软英泰今后的快速发展，提供了良好的信用保证。

第四，信用知识的共同化。中关村信用知识的共同化主要体现在中关村的企业和机构可以共享中关村的信用知识库。首先是中关村管委会作为政府机构的信用知识发布和共享渠道，例如"瞪羚计划"中对于违约企业的惩罚就包括向社会公布违约企业的劣迹，这种违约行为将登记在案并且可以即时查询。其次是中关村中多种渠道共享使用这种信用知识库的体验，诸如中关村自己的杂志、各种协会的发布会、各种酒店发布会、财经杂志的报道、咖啡馆的交流等。

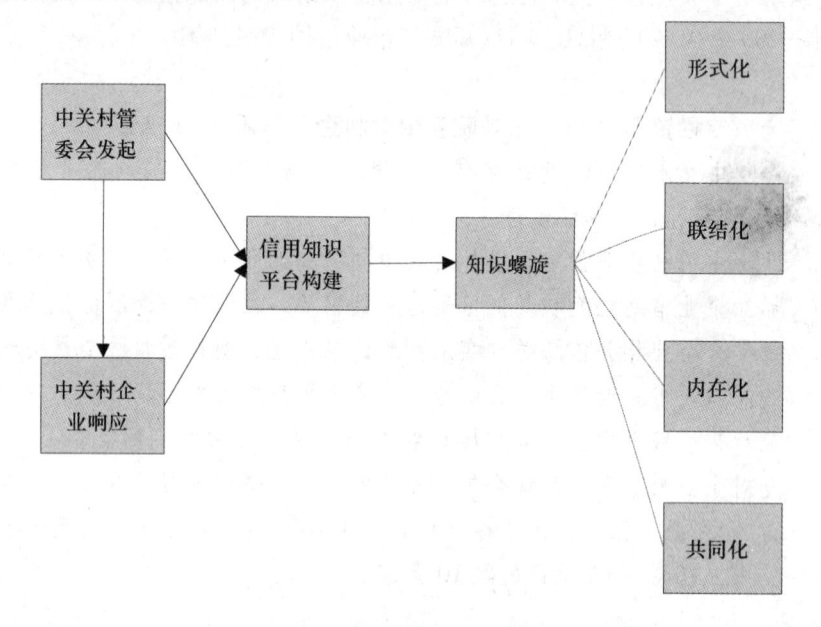

图 5 - 2　中关村信用知识平台中的知识螺旋运动

第三节　私人秩序、知识平台与知识螺旋：以杭州电子商务集群为例

一　研究设计

（1）分析对象的选取。通过私人秩序构建知识平台的分析，本小节使用杭州电子商务集群加以阐释。之所以选择杭州电子商务集群作为分析案例，具有如下原因。第一，杭州市以往被誉为中国著名的休闲城市，现

今因为电子商务产业的蓬勃发展已经被誉为中国电子商务之都。第二，电子商务产业是一种新兴业态，在商务生态和供应链方面存在多种创新方式。首先是交易方式的创新，突破了以往的现场交易局限、实现了网上交易；其次是带动了商务生态链的新型产业和企业出现，例如诱导了大量为传统企业升级电子商务贸易的软件企业和网络企业以及为电子商务平台服务的软件企业和网络企业；最后是支付方式的创新，第三方独立支付公司的出现解决了买卖双方的信任问题。第三，电子商务企业被视为高新技术企业、软件企业，这一点得到了杭州市政府的高度认同并且通过政府政策加以支持。第四，杭州电子商务产业已经呈现出集群化的形态，杭州市在发展理念和人才聚集方面都具有竞争优势。例如绍兴的不少同类企业纷纷转移到杭州寻求发展，被业内人士称为电子商务发展的极核效应；浙江盘石信息技术有限公司总裁田宁称，杭州集聚着大量的电子商务人才，这一点是周边城市和地区无法比拟的，比如在湖州，很难找到电子商务方面的优秀人才，这和一个地区的产业氛围有很大关系。①

(2) 分析角度的选取。本小节从信任构建这个角度入手，分析杭州电子商务集群的信用知识平台的构建与实施过程。之所以选择这个分析角度，原因如下。信任问题是影响电子商务发展的根本问题，而解决信用问题必须提供相关参与者的大量信用知识。相对于中关村创新集群而言，信用知识平台对于电子商务集群更具有根本性意义。同时，电子商务集群信用知识平台的构建同样是一个集体行动过程，只不过这个过程是借助于技术性的强制性程序实现的。

(3) 分析路径的设定。相对于中关村创新集群，杭州电子商务集群发展中政府所扮演的角色明显不同；前者显然是实施发起和组织功能，后者主要为电子商务企业提供相应的环境，甚至在电子商务集群发育初期，这种环境的供给政府都不是有意为之，换言之，这是私人企业主导的自发生成秩序的体现。在这种秩序下，一些企业承担了发起和组织实施的角色功能，可以视为领军企业。在这些领军企业主导下，其他企业和机构围绕领军企业构建电子商务的生态链、填补领军企业所没有涉及的价值链片段或者说嵌入领军企业的价值链。然后在这种整体商务链构建过程中信用知识平台得以打造，这个信用知识平台的构建基于各个电子商务平台的庞大

---

① 杨莹晖、天商：《绍兴不少网站要移师杭州》，《杭州日报》2008年6月30日第04版。

数据库以及基于厂商和顾客、顾客与顾客之间的交流、互动和互惠；这种多主体交流互动的过程也是知识螺旋的运动过程（参见图 5-3）。

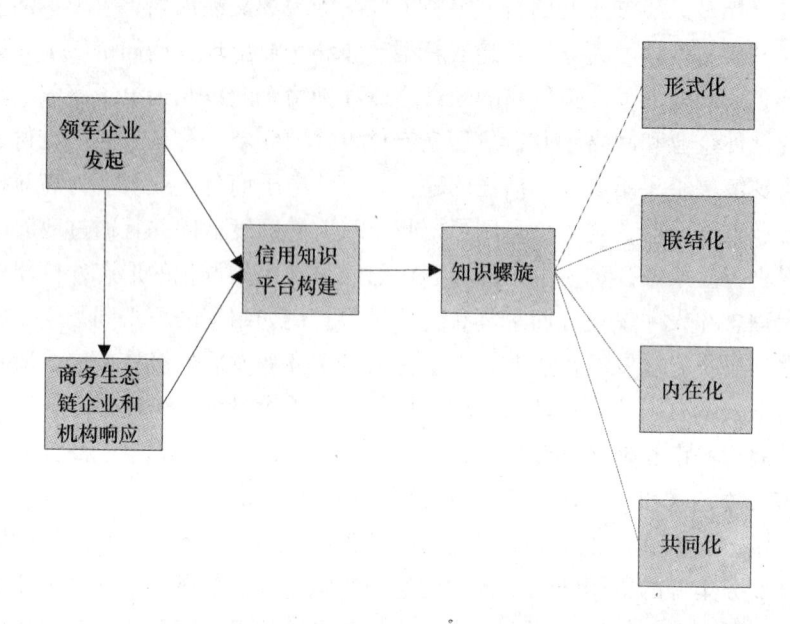

图 5-3　基于私人秩序的杭州电子商务集群信用知识螺旋运动

二　现有研究简述

有关电子商务或网上交易的研究，国外研究焦点集中在网络交易平台的声誉反馈系统方面。Jurca（2008）指出网络声誉机制提供了一种新颖和有效的方式，其能确保市场运转所必需的信任水平；这些声誉机制收集市场参与者有关历史的信息（如历史交易）并且使之公开化。声誉信息的作用主要有两点，一是信号作用即在给定环境下提供受托人隐藏的特征信息；二是制裁作用即使得未来的参与者警觉以往发生的任何欺骗。[①] Yang、Hu 和 Zhang（2007）考察了网上 C2C 拍卖市场的声誉反馈系统，研究指出声誉系统的存在极大地提升了网上 C2C 拍卖市场的绩效；另外

[①] Jurca R. Truthful reputation mechanisms for online systems. *Proceedings of the 7th international joint conference on Autonomous agents and multiagent systems*, Volume 1, May, 12-16, 2008, Estoril, Portugal, Page 5.

相对于奖励诚实行为，惩罚欺骗行为更能够提升市场绩效[1]，也即惩罚的存在显著提高了交易双方的合作水平从而维护了双方的信任关系。Lyudyno 和 Sarangi（2005）研究了在交易模式下网上销售的策略性声誉行为，即通过销售便宜商品积累声誉，然后在销售昂贵商品时采取欺骗行为[2]，这种策略行为一方面说明了卖家的短期行为；另一方面也需要网络交易平台采用控制措施减少短期行为、采用激励措施鼓励长期行为，例如根据声誉等级的高低安排卖家在交易平台上的显示度。Bolton、Katok 和 Ockenfels（2002）指出现实市场和网上市场的相同点与不同点，即都存在口碑声誉，但是网上市场的声誉系统是致力于制度化口碑声誉[3]，换言之，使得网上口碑声誉长期化和永久化。

国内一些相关研究文献也是从信任问题入手的。彭赓、吕本富、胡新爱（2004）分析了信誉机制的作用以及目前大多拍卖网站在信誉机制建设方面存在的缺陷。周黎安等（2006）利用易趣公司所提供的交易记录对信誉的市场影响进行系统的实证研究，分析结果显示了信誉的溢价效果。张娥、杨飞、汪应洛（2007）设计了网上交易的诚信交易激励机制并进行了模拟分析。吴德胜（2007）指出，在法律制度不完善的情况下，交易方以及第三方中介可以建立私人秩序来保证交易的顺利进行。杨居正、张维迎和周黎安（2008）利用网上交易数据研究了信誉和管制之间互补和替代的关系；研究发现合理的管制应该是保险和激励兼顾；并指出由于国内市场缺乏良好信誉，网上交易才出现交易补偿金政策以及第三方支付等管制措施。为了有效地规避信用风险、提高交易安全性，还需要考虑建立电子商务网站的信用风险管理措施（杨晓梅、梁吉业、贾红，2009）；同时有必要设计符合当前电子商务模式的信用指标体系（陈鑫铭、冯艳，2009）。

国内外现有研究均集中在网络声誉（或信誉）反馈系统方面，然而对于这种声誉系统是依托于技术程序实现的，没有按照技术程序操作就无法实现交易，也即技术程序为诚信交易设置了制度环境；对此现有研究却较少着墨、没有重点强调。虽然对于声誉信息与信任之间关系得到了较多

---

[1] Yang J., Hu X., Zhang H. Effects of a reputation feedback system on an online consumer-to-consumer auction market. *Decision support systems*, 2007, 44: 93–105.

[2] Lyudyno G., Sarangi S. E-Honesty: when does it pay?. *Netnomics*, 2004, 6: 209–219.

[3] Bolton G., Katok E., Ockenfels A. Bridging the trust gap in electronic markets. *A strategic framework for empirical study*. ftp://papers.econ.mpg.de/esi/discussionpapers/2002-26.pdf.

考察，但是对于信息与惩罚及惩罚效果的关系研究还有待深入。另外，还需要深入研究的是第三方支付这个传递信用知识的中介组织以及在集群层面对于电子商务集群的信用知识平台的考察。

三 杭州电子商务集群信用知识平台案例分析

（1）杭州电子商务集群发展简要描述。作为中国电子商务之都，阿里巴巴集团（包括阿里巴巴、淘宝网、支付宝、阿里软件、阿里妈妈等子公司）、网盛生意宝、杭州佑康电子商务有限公司、中国家纺网等企业是杭州电子商务产业的代表企业。杭州正在努力建设中国电子商务的主平台，2007年，杭州集聚了全省70%以上的电子商务网站，总量达1300多家，入选2007年中国行业电子商务网站TOP 100的杭州企业共有31家，占总数的近1/3。[①] 作为电子商务之都，杭州具备了浓郁的网商创业氛围，已成为国际知名、国内领先的全国电子商务专业网站集聚中心、全国网商集聚中心。数据显示，杭州市共有超30万网商，2012年网上销售额达953亿元，占零售总额的32.4%，远远高于全国6.5%；在网站数量、B2B、C2C、第三方支付等方面，杭州市均居全国第一。[②]

（2）电子商务创新集群组织结构分析。电子商务产业不仅仅只是表面上的交易活动，其背后涉及一个商务生态系统。首先是电子商务企业本身，诸如阿里巴巴、淘宝网、盘石、网盛；其次是为电子商务企业服务的大量软件企业和网络企业；然后是传统制造业和传统服务业，诸如纺织、五金、航空订票等；第三方支付公司、银行、风险投资；最后还有电子商务企业带动的数量和种类繁多的物流公司。当然这一整个商务系统最终都是为顾客提供服务和新增价值的。图5-4可以简洁地描绘出这种商务系统的梗概。

（3）杭州电子商务创新集群信用知识平台的知识螺旋运动。信任是一个社会复杂性的简化机制（卢曼，1973）。世界的极端复杂性都将排除在意识之外，而熟悉的世界是相对简单的；熟悉是信任的前提，也是不信任的前提，即对未来特定态度作任何承诺的先决条件。熟悉意味着了解以往的经验、或者符合自身的认知结构，这其中包含了参与者的某种特殊信息；当某一陌生人出现时，虽然无从判断其信誉程度但是很可能其所在的

[①] 赵海旭：《杭州荣获"中国电子商务之都"称号》，《杭州日报》2008年9月5日第A01版。

[②] 陈静：《杭州"网商"超30万》，《浙江日报》2013年10月30日第25版。

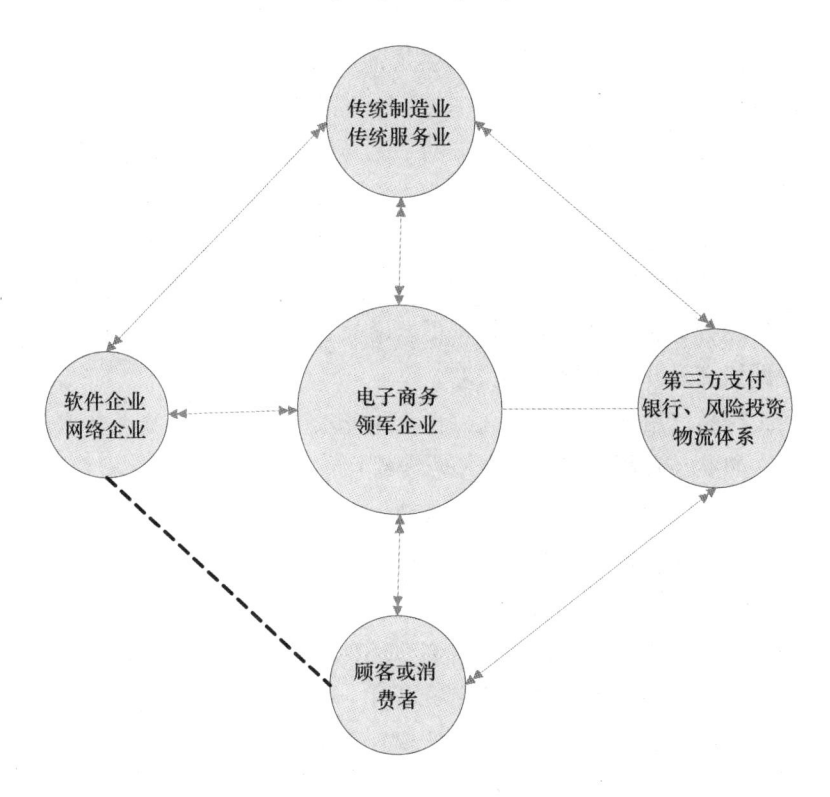

图5-4 电子商务创新集群组织结构

组织能够提供某种信誉担保，或者对这个陌生人的社会结构有所了解从而提高对其的信任度。这样信息与信任之间就存在密切的逻辑关联。但是正如卢曼指出，信任绝不只是来自过去的推断，它超越它所搜集的信息，换言之，已经搜集的信息代表过去的行为，而信任还存在未来向度。因此，除了信息之外，还需要其他机制来产生和维护信任关系，而惩罚就是基于此而设置的正式或非正式组织机制，即给予合作关系中的背叛者一个明确的信号：违反规则将受到制裁。因此信任生成不仅依赖于信息，还需借助于正式或非正式的惩罚机制。

惩罚总是嵌入在一定社会结构中的，一般而言，难以惩处潜逃到他国的罪犯，在一个村庄无法立足的村民可以借助于人口流动实现改变社会结构的目的，网上交易也是一样，网上交易的惩罚也必须在一定的网络社会结构中实施，也即必须在能够影响到背叛者的空间实施惩罚。针对网络空间的无限存储和极速检索的特征，网络交易平台的惩罚具有以下特征：网络交易中声誉信息保存的时间越长、传播的速度越快、传播的范围越广，惩罚的效果越显著。

网上交易信用知识的形式化。网络交易流程是由网络交易平台设置的制度规则，是通过技术程序设计的非人格化交易市场；只有按照这些技术程序操作，才能达成网络交易。技术的程序性和强制性使得技术深刻影响到了社会生活和交易活动。规则决定人的行为；卖方的诚信和信用度决定了其交易能否成功，以及交易是否可以增长。在这种规则下追求自利的卖家必须诚信交易并期望累积信用度。

网上交易信用知识的内在化。由于网络交易平台的强制性技术规则，所有交易的参与者都改变了原有不需要顾忌信用的心智习惯，让参与者重新考量信用得失的成本收益，从而深刻改变参与者的行为。这些技术规则中包含着惩罚条款，因为没有惩罚的规则是无效的[1]。证明一条规则在起作用的最好的证据就是，对发现违反这一规则的人例行地（尽管并非必然不可避免地）予以制裁，不论是奖赏还是惩罚[2]。规则的执行离不开惩罚条款的实施。例如淘宝网网上交易之后，买家对于卖家的信用进行评价的技术设置包含了惩罚之可能性的条款。卖家获得一个"差评"，远不止是损失一分信用额的问题，更能威慑卖家的是这一个"差评和 -1"将永久保存在其店铺的信用记录上。这个信用记录卖家无法删去，除非是恶意差评由淘宝网裁决后才可以处理，否则将作为公共信息保存在其店铺信用评价记录上。

网上交易信用知识的共享与传播。公开的、可保存的公共信息是惩罚实施的一种重要机制。网上交易是以明确的技术程序作为规则，这种规则下的非人格化交易是一种简化的制度环境。它克服了现实交易中顾客对商家"敢怒不敢言"以及敢言但传播范围有限的困境。现实交易中差评的传播范围有限，商家可以延续错误的做法，也可以修正错误以迅速掩盖小范围的差评传播效果。信息的消散意味着权力的消散，网络声誉评价记录能够转移卖家的权力，以减少店大欺客事件的发生概率。而在网上交易的技术规则下，差评哪怕只有一次，也会被记录在案，以后的所有意图购物

---

[1] [德] 柯武刚、史漫飞：《制度经济学》，商务印书馆2004年版，第32—33页。
[2] [美] 罗伯特·埃里克森：《无需法律的秩序——邻人如何解决纠纷》，中国政法大学出版社2003年版，第156—167页。

者都会登录到这个商店看到这些记录,这样公开信息的惩罚威慑效果就显现出来了。这种永久保存的声誉记录类似于现实生活中的通报,但是比通报更为持久、传播得更迅捷。例如通报批评是常见的惩罚形式,很多老师批评学生时,学生总是向老师求情以期老师不要通报。通报就意味着公开,公开才使得信息传播得更快、传播的范围更大从而具有惩罚的效力。因此电子商务集群网络声誉的实施机理是声誉信息保存的时间越长、传播的速度越快、传播的范围越广,则惩罚的效果越显著。

网上交易信用知识的联结化。第一是支付中介的信用知识联结。网上交易仅仅保存了信用记录,具有了惩罚的可能并不能完全解决信任问题,也不能保证交易的必然发生;因为惩罚是在网络空间实现的,对于参与人的现实生活没有任何影响;所以网上交易还必须解决安全支付问题,即卖方发货了如何收到款项、买方付款之后如何才能收到商品。例如 A 和 B 互不相识,但是 A 和 B 同时都信任 C,那么 C 即为 A 和 B 的信用知识中介,通过 C 来建立 A 和 B 之间的信用知识通道。网上交易的支付工具就是依据这一原理设计的,典型的例子是阿里巴巴集团开发的支付宝(后成立支付宝公司)。支付宝事实上就是一个简化不确定性和复杂性的工具。用户在信任支付宝的前提下,买家在考察卖家信用之后,选择商品并付款到支付宝账户,买家收到商品以后经过仔细验货再决定是否确认付款。而卖家在收到支付宝发货通知后再发出商品,如果买家在规定的时限内不确认付款,那么将由支付宝账户把货款打到卖家。这样就大大简化了交易过程中的不确定性。另外,第三方支付也简化了交易的复杂性。众多的买家对应着众多的卖家存在着网上交易的复杂性。试想一个买家如果同时购买了甲、乙、丙、丁四个卖家的商品,他(她)就必须把货款分别打到四个人的账户;而在使用支付宝之后买家只使用一个支付宝账户就足够了,这样就简化了交易的复杂性。

第三方互联网支付市场的巨量交易规模证明了网上交易信任问题的有效解决。根据支付宝官网数据,至今支付宝用户已经覆盖了整个 C2C、B2C 以及 B2B 领域,截至 2012 年 12 月,支付宝注册账户突破 8 亿,日交易额峰值超过 200 亿元人民币,日交易笔数峰值达到 1 亿零 580 万笔。艾瑞咨询研究数据显示,2012 年中国第三方互联网支付市场交易规模达 36589 亿元;其中支付宝的交易额规模排名第一,占整个第三方互联网支付市场近 50% 的份额(艾瑞咨询,2013)。

网上交易集群中信用知识联结化的第二种含义是集群中信用知识与银行等机构的投融资知识相联结。借助于网络交易所累积的庞大信用知识库，电子商务交易平台具有了筛选良好信用资质的企业的能力。对于这些信用良好的企业，其信用度是多年累积的品牌，是沉淀投入，也即已经被电子商务平台所锁定，除非业务发展的必需，否则不可能抛弃其在交易平台所建立的信用等级。如此，电子商务平台与银行一道就可以帮助致力于成长的大量中小企业提供融资服务，从而生成非政府主导的私人自发秩序。典型案例是阿里巴巴集团推出的贷款业务，第一种典型业务是针对中小企业的"网络联保"，其实施机制是历史信用等级加上贷款企业之间的相互监控；第二种业务是针对网上店铺的"卖家贷款"，由支付宝联合银行共同实施。

需要说明的是，这种联保的贷款模式并非阿里巴巴的首创，甚至连网上交易都不是阿里巴巴的首创，哪怕是在中国大陆。联保贷款模式公认是由经济学博士、诺贝尔和平奖得主尤努斯所首创，致力于为最底层穷人，尤其是贫困的妇女提供小额贷款服务。然而窥一斑见全貌、一叶落见天下秋，阿里巴巴的学习能力、知识组合能力和知识应用能力是让人惊叹的。再提供一个佐证，在防止卖家提供假货时，淘宝网规定涉及假货纠纷举证责任在辩方，即纠纷出现时，淘宝网要求卖家举证证明其所售出的物品为真货，如若不能证明则视为假货；"举证责任在辩方"这一美国证券交易法的规定被出色地运用到网络交易中。这些例子也为杭州电子商务集群的信用知识联结提供了更为细致的说明。

概言之，电子商务集群的信用知识，是由头脑中的知识转化为文字知识或形式知识，从个体知识转化为组织知识、集群知识，从转瞬即逝的、零碎的知识转化为可以永久保存、极速检索的知识，然后与企业类型知识相结合制定出投资融资的资助计划（参见图5-3）。

第四节 本章小结

本章考察了在公共秩序和私人秩序主导下信用知识平台的构建过程及其各自的知识螺旋运动。选取的分析案例是中关村创新集群信用知识平台和杭州电子商务集群信用知识平台。在这两个信用知识平台中都可以发现类似的知识螺旋过程：原本并无意义的零散知识是如何被整合为在经济上有用的知识的。这些分析也是本章的创新之处。

　　当然，针对中国产业集群升级的境况，典型案例还有浙江省绍兴纺织产业集群，这个案例已经得到详细分析和研究，如肖广岭等（2004）和魏江等（2004）。这些研究也体现了利用知识平台加速集群的知识学习和技术革新的内涵，不过本章的特色之处在于信用知识平台的研究视角，从而丰富了现有的集群研究成果。

第六章 创新集群知识治理的组织实施机制

创新集群的培育有赖于各种组织主体的互动和协调。而国外有关创新集群中的组织研究，散见于创新集群的文献之中，专文讨论内部组织的研究还很不充分。在考察了创新集群内部组织界定的基础上，综述了创新集群中组织构成、桥梁组织的连接功能和创新功能以及组织间的竞争与合作；然后提炼了四个有关创新集群组织间合作的命题。结语部分评述了现有研究的特征、不足并给出了对于未来研究的展望。创新集群的培育有赖于创新要素的连接和耦合，这些要素的连接和耦合必须由创新集群中的组织主体加以协调和整合。因此研究创新集群中的组织构成、功能和组织间连接，不仅具有重要的理论价值，而且具有重要的政策意义。

国外创新集群文献中的组织研究具有以下特征：（1）现有研究集中在创新集群的内部组织构成及其连接上，研究旨趣在于陈述组织的功能，尤其是桥梁组织的功能及其实现上，研究这些组织功能的目的依然在于创新集群的培育；（2）现有研究中的组织构成分析还有一个意图，即识别创新集群的关键参与者进而为识别创新集群做出贡献；（3）基于研究视角分析，现有研究集中在发育良好的、成功的创新集群上，即分析对象集中在成功的创新集群上，通过考察成功创新集群中的组织关系进而为培育其他创新集群制订方案。

国外创新集群文献中有关内部组织的研究，无论是深度还是广度都还很不充分。概言之，（1）现有研究整体的不足之处在于缺乏理论甚至是完善的理论分析框架也没有给出；（2）现有研究忽视了组织发育不成功的理论分析，必须指出，相对而言创新集群组织未能成功发育的状况更具有一般性，因此，这一点可以认为是现有研究的一个缺陷；

(3) 现有研究把组织连接视为节点与节点之间的线条，这种研究方法的确是给出了组织连接关系的度量，度量了组织连接的量的方面即这种关系的形态或形状；然而组织连接关系的质的方面被视为了黑箱，没有得到深入考察。

第一节 创新集群中的组织构成

研究创新集群中的组织构成实际上也是研究创新集群的参与者（players）、行动者（actors）。Hertog et al.[①]认为创新集群中组织由三个大类组成，即供应商、消费者和知识中心，其中知识中心包括大学、研究所、知识密集型服务机构、中介组织；这个分类把知识密集型服务机构与中介组织两者并列，并没有说明两者的隶属关系；而中介组织是一个宽泛的概念，因此尽管这个分类具有逻辑上的涵盖性但是在中介组织的使用上不够严谨。

Whalley 和 Hertog[②]认为不同的集群存在不同数量和类型的行动者，不同的集群研究有时分类并不相同。他们认为粗略可以分为三类：（1）研究和教育机构包括大学、知识密集型商业服务公司（KIBS）以及研究和技术组织（RTOs），这些组织必须对创新过程有所贡献；（2）"环境形塑型"行动者（environment shaping actors），可为政府部门，也或许为相关国际组织；（3）公司，包括国内公司和跨国公司。Solvell et al.[③]在《集群动力绿皮书》（*The Initiative Greenbook*）中提出集群行动者的四个主要类型，即公司、政府、研究共同体和金融机构（financial institutions）；还有一种很重要的行动者是为协作而创设的机构（Institutions for Collaboration，IFCs）。Andersson et al.[④]认同这种分类方法并在《集群政

---

① Hertog P. D., Maltha S., Brouwer E. Innovation in an adolescent cluster: the Dutch multimedia cluster. In: OECD. *Innovative clusters: drivers of national innovation systems*. Paris, 2001: 133 – 154.

② Whalley J., Hertog P. D. *Clusters, innovation and RTOs*. University of Brighton, UK, Workpackage synthesis report, 2000: 1 – 78.

③ Solvell O., Lindquist G., Ketels C. *The cluster initiative greenbook*. Bromma tryck AB, Stockholm, Sweden, 2003: 15 – 24.

④ Andersson T., Serger S. S., Sorvik J., et al. *The cluster polocies whitebook*. Malmo, Sweden, IKED, 2004: 13 – 44.

策白皮书》中进行了详细阐述。IFCs 的提出源于 Porter and Emmons，IFCs 代表已经存在的行动者，诸如商业会所、产业协会、专业协会、工会、技术转移组织、质量中心、思想库、大学校友协会以及其他组织。

Hertog et al. 结合案例研究了荷兰多媒体创新集群的参与者，并划分为核心和外围参与者，参与者具体包括专业供应制造商、专业供应服务商、金融服务、专业知识和教育机构；内容提供商、内容集成商、内容分发和网络接入商、中间用户和客户、网下内容发送以及最终用户。Preissl①结合德国汽车元件制造集群案例给出了其行动者及显著特征（见表6-1）。

创新集群的组织构成是不可穷尽的，只能做出大致分类、分析其中关键组织。按照 Bergman et al. ② "创新集群是简化的国家创新系统"思想分析创新集群的组织构成，则需要追溯到国家创新系统的组织构成。根据国家创新系统概念，几乎所有有助于提高创新绩效的组织都在这个系统范围内。Cooke et al. ③ 论述国家创新系统/地区创新系统（NSI/RIS）时就认为一个创新系统的关键组织有大学、研究所、技术转移机构、咨询人员、技能发展组织、公私基金组织，当然还有大大小小的公司以及涉及创新过程中的其他非公司组织。Preissl 认为他所定义的创新集群中包含所有有助于创新的行动者（actors）④。依据希普尔（Hippel）（2005）的思想，制造商、供应商、用户尤其是领先用户都是创新的来源，自然也是创新集群的组成部分。

关于创新集群的组织构成，存在两个值得注意的问题。（1）虚拟创新集群的组织构成和地理创新集群的组织构成两者之间存在本质的区别吗？从 Passiante 和 Secundo⑤ 对虚拟创新集群的研究中可以认定，两者的

---

① Preissl B. Innovation clusters: combining physical and virtual links. Berlin, Germany, DIW Berlin, *Discussion papers*, 2003: 1 - 25.

② Bergman E. M., Charles D, Hertog P. D. In pursuit of innovative clustrs. In: OECD. *Innovative clusters: drivers of national innovation systems*. Paris, 2001: 7 - 15.

③ Cooke P., Urange M G., Etxebarria G. Regional innovation systems: Institutional and organizational dimensions [J]. *Research Policy*, 1997, 26: 475 - 491.

④ Preissl B. Innovation clusters: combining physical and virtual links. Berlin, Germany, DIW Berlin, *Discussion papers*, 2003: 1 - 25.

⑤ Passiante G., Secundo G. From geographical innovation clusters towards virtual innovation clusters: the Innovation Virtual System. *Presented at 42th ERSA Congress on From Industry to Advanced Services*. Germany, August 27 - 31, 2002: 1 - 22.

组织构成并无区别，只是分析视角有所不同。（2）创新集群的组织构成与创新集群的构成元素两者是否有着完全相同的内涵？从构成属性来讲，前者指称的是创新集群的具体组织形态如大学、公司等；而后者指称的是孕育创新集群所需的各种要素，它们只是有可能表现为组织形态。Bortagaray 和 Tiffin[①] 认为创新集群的组织构成如大学、以新技术为基础的公司等只是创新集群的元素而不是创新集群本身；同时，他们还构建了创新集群构成元素的分析框架：有形元素和无形元素。前者包括知识型公司、知识投入、专业性咨询服务、专业投入、市场、集群支持以及金融；后者即无形元素包括文化和支持性的社会氛围，个体间和组织间的各种互动和连接以及集群所在区域的生活质量。

表 6-1　　　　　德国汽车元件制造集群中的组织分类

类别	显著特征
创新型公司	集群的核心；全部产品的创新部分或绩效战略
汽车公司的客户	连接角色——在供给者市场和交通市场之间；在决定创新过程方面发挥积极作用
组装零件和原材料供应商	对于中心公司来说创新的关键元素的供给；与制造者密切而重要的连接
研究技术组织 RTOs	与创新有关的专家技术的供给；与大学的密切连接
知识密集型商业服务业 KIBS	集群中小任务分包商的角色
商业服务	对创新的边缘贡献
大学学术机构	来自于大学环境中专家知识贡献
代理机构	在集群其他行动者之间传送信息的中介；通过强调议题刺激创新

资料来源：Whalley J., Hertog P. D. (2000)。

第二节　创新集群中桥梁组织的连接功能与创新功能

创新集群的一个关键特征就是知识和技能的密集交换，而这种密集交

---

① Bortagaray I., Tiffin S. Innovation clusters in Latin America. *Presented at 4th International Conference on Technology Policy and Innovation*. Curitiba, Brazil, August 28-31, 2000: 1-40.

换必须依赖于内部组织间的各种互动和连接。Broersma[①]指出按照国家创新系统的概念，联盟或战略联盟作为组织连接形式是创新过程的灵魂（heart），联盟能够导致创新集群的形成。而联盟的形成又有赖于桥梁组织的连接功能和创新功能。

一　合作研究中心（CRCs）和合作研究网络的形成

Liyanage[②]细致研究了创新集群培育过程中合作研究中心的角色和功能。Liyanage 所分析的创新集群，既不是产业集群也不是科学领域的集群，既不是描述成功的产业也不是描述科学学科的增长和变迁，而是在研究机构和产业之间形成的创新技术网络和连接。因此创新集群能够反映合作中研究活动的技术轨道。

借助澳大利亚合作研究中心（CRCs）的实证材料，Liyanage 分析了合作研究项目、创新集群和国家创新系统三者之间的关系：合作研究项目通过创造和强化对于培育创新集群至关重要的网络和连接进而影响国家创新系统的结构；创新集群形成的迭代过程是国家创新系统的有效组织形式。从这一点来判断 Liyanage 的思想早于 OECD 关于创新集群是国家创新系统的中观层次的思想；并且比 OECD 所谓创新集群是简化的国家创新系统这一表述更为细致，同时也更具可操作性，因为 Liyanage 指出了合作研究项目和创新集群之间的关系。而合作研究项目的度量又可以操作化为对于合作研究中心的合作项目度量。

Liyanage 指出：根据 Lundvall 的观点，合作研究中心通过知识的创造、产生、扩散和探索对国家创新系统产生重要的影响；根据 Debresson 的观点，培育创新集群可以提升国家在技术发展和进步方面的优势。Liyanage 认为为了激励技术创新，政府政策的调节可以通过技术使用者和生产者之间的强连接（strong ties）来推行，而合作研发是连接公共研究机构和技术发展的一个重要的政策调节工具。合作研究中心作为神经中枢网络又可以激励形成更宽广的网络，在知识使用者和生产者之间以及整合共

---

① Broersma L. The role of services in innovative clusters. Paper within the framework of the Research Programme Structural Information Provision on Innovation in Services (SIID) for the Ministry of Economic Affairs, *Directorate for General Technology Policy*, the Netherlands, October 2001: 1–43.

② Liyanage S. Breeding innovation clusters through collaborative research networks. *Technovation*, 1995, 15 (9): 553–567.

性技术（generic technology）进入市场和经济网络。这样，从宏观到微观层面Liyanage构建了他的分析逻辑。

二 研究和技术组织（RTOs）和KIBS及其创新功能

Preissl、Whalley和Hertog都细致研究了研究和技术组织（RTOs）和知识密集型商业服务公司（KIBS）的角色和功能。Preissl利用德国汽车元器组件供应创新集群讨论了RTOs和KIBS对于创新和创新过程的作用，他把RTOs组织分为两类，一类为汽车专业技术方面的组织；另一类为与汽车相关的技术组织如电子设备和塑料等。KIBS包括工程公司、软件和IT咨询公司以及管理咨询公司，它们在集群中作为合约方参与一些小型任务。他指出此集群中核心或中心元素是创新型公司即创新型元器件供应商，有关各种组织在创新过程发挥的功能参见表6-2。

Whalley和Hertog以集群、创新和RTOs为主题，详细地讨论了RTOs在创新过程中的功能。他首先把RTOs作为创新的一个源泉，然后提出了一系列问题：集群参与者使用RTOs作为创新的源泉吗？RTOs在哪儿？RTOs是否专业，是专家吗？RTOs与创新的内部源泉互补吗？参与者在RTOs之间如何变动？如果参与者不使用RTOs，那么它们的创新源泉是什么？然后引用了德国汽车元器件集群、荷兰信息和通信集群、意大利通信集群、英国印刷和出版集群、葡萄牙生物集群、瑞典生物集群和挪威农业食品集群等七个国家的创新集群案例研究了RTOs在各个集群中所发挥的作用。最后指出RTOs在研究活动和实施、实现研究成果的组织之间扮演着桥梁角色；同时也指出在一些案例中RTOs发挥着中心和整合的角色，但是在另一些案例中所发挥的作用相对比较边缘。一个给定的RTOs在集群发展中是发挥核心作用还是边缘作用取决于集群其他参与者对于RTOs的需求，以及RTOs拥有的知识和竞争者的知识基础这两者间的互动。Farina和Preissl（2000）以及Intarakumnerd和Vang（2006）也在研究中讨论了RTOs的功能。Hauknes（2001）在研究挪威农产品生产的创新模式时提到了RTOs和KIBS，但是并没有做出解释，只是把它们列为提供研发和其他知识产品的一类供应商。

表 6-2　　　　元器件创新集群中的组织和服务功能

功能	创新型公司	消费者，汽车制造商	供应商	RTOs	KIBS	代理	伙伴	其他
基础研究	+ +	0	0	+ + +	+	0	+	大学
应用研究	+ + +	0	0	+ + +	0	0	0	
创新主意	+ + +	+ + +	+	+ +	0	+ +	0	生产单元
信息搜集	+ + +	0	0	+ +	+	+	0	
可行性研究	+	+	0	+ +	0	+	+	生产单元
产品发展	+ + +	0	+ + +	+ + +	0	+	+	
过程发展	+ +	0	+	+ + +	0	+	+	软件公司
技术建议	0	+	0	0	0	+	+	
计划	+	0	0	0	0	0	0	
执行	+	0	0	0	+	0	+	
培训/HRM	+	0	0	+ +	+	+	0	
质量控制	+	0	0	0	+	0	0	学生
测试	+	0	0	+ +	+ +	0	0	学生
定型	+ + +	0	+	+	+	0	0	大学
文档	+	0	0	+	+	+	0	
认证	+ +	0	0	0	0	+	0	服务公司，公共权威
市场	+	+	0	0	0	+	0	
项目管理	+	0	+	+	+	0	0	服务公司
金融	+ +	+	0	+	+	+	0	政府

注：+ + + 十分显著的作用（role）；+ + 积极的作用；+ 中性作用；0 在这个功能中不积极
资料来源：Preissl（2003）。

三　地区研究中心与创新集群的形成

Lee[①]通过回顾韩国创新集群的发展过程，研究了地区研究中心（RRCs）的角色和功能。Lee 从促进创新集群发展的政策工具开始，阐述

---

① Lee K.. Promoting Innovative Clusters through the Regional Research Centre (RRC) Policy Programme in Korea. *European Planning Studies*, 2003, 11 (1): 25-39.

了发达国家和发展中国家促进创新集群发展的不同的侧重点：发达国家的政策或许更多集中于知识分享如构建网络、增加合作研发、战略联盟等等；而发展中国家由于知识创造和扩散的机构缺乏创新能力或许其政策着力点更多地指向基础技术设施。

Lee 分析了地区研究中心（RRCs）对于发展创新集群的作用。生产集群和研发集群的形成本身并不能保证它们自动演进到创新集群。为了演进到创新集群，它们需要发展网络关系。政府也意识到生产和研发活动必须连接起来。在整合阶段集群中的企业尽力构建网络，不仅和公共研发机构和大学连接，也和集群外其他企业连接。此时知识被认识到是创造新产品、新流程和新服务的至关重要的因素。作为后发追赶国家，政府政策必须恰到好处地为发展这种网络发挥应有的功能，尽管这不是一件容易的任务。韩国地区研究中心项目的起源开始之初其目的并不旨在创新集群，而是为了发展地区研究网络。这个网络在研究参与者之间有共同利益，所产生的知识对于研究参与者而言是公共产品，而对于没有参与这个项目的企业来说是私人产品即排除了搭便车。但是这个地区研究中心的创新之处在于它是共同体、地区和国家三个层面的整合机制，可以避免各种政府失灵。它的建设费用由企业、地方政府、中央政府和大学共同分担。它同时连接着政府、供给者企业、使用者企业、所在区域的大学以及公共研究机构。地区研究中心在网络的发展中所发挥的作用越大，集群的功能越能有效整合从而达到更好的创新绩效。

第三节 创新集群中组织间的竞争与合作

创新集群中桥梁组织主要关注公共组织、公共平台这类组织形式，这些平台组织连接着企业、大学和研究中心。而企业是创新集群中极为重要的创新主体，因此还要考察企业之间或企业与其他组织之间竞争与合作共存的生存状态。

竞争是一个发现的过程，能够激励行为主体寻找和贡献有用的信息和知识[①]。同业竞争是区域竞争优势的来源之一，集群内部的激烈竞争刺激

---

① ［英］弗里德里希·冯·哈耶克：《作为一个发现过程的竞争》，载［英］弗里德里希·冯·哈耶克《哈耶克文选》，冯克利译，江苏人民出版社 2007 年版，第 107—117 页。

生产要素的创造;一群本地企业相互激烈竞争,往往会带动专业基础建设,加速市场信息的流通,而相关科技和专业人力资源也会加速发展;同时也会带动当地大学等学校开设相关的课程,政府也会支持设立技术学院、培训中心、产业期刊、市场情报组织、政府辅助组织的投资;而当所有竞争对手集中在某一城市或区域时生产要素的效应会更显著①。集群以三种方式影响竞争和竞争优势:(1)提高产业中企业的生产率;(2)推动创新的方向和速度、创新能力的提升进而为未来生产率增长打下基础;(3)激励集群中新企业的形成从而加强和扩张集群本身②。

竞争推动技术发明走向产品、过程创新,而合作在技术发展中能够刺激下一代技术的创造③。调查显示,大多数企业仍然在没有与其他企业签署创新合作协议的状态下发展它们自己的新产品、过程和服务,但是参与R&D合作的企业尝试引入更高层次的创新,例如对市场而言是创新的(new to the market),而不是对企业而言是创新的(new to the firm)④。开发下一代技术上的创新合作旨在分担成本(包括技术开发和市场进入成本);创新合作的动机还有接近知识来源(包括接近技术、专家)、取得生产的规模效应、技术商品化等⑤。

集群中合作形式是多样的,概括地可以划分为贸易合作、非贸易合作,其中包括供应链合作、R&D合作。集群中合作网络包括商业网络,主要是商业企业间的联系;大学—企业网络,主要是指大学如何实现技术转移的知识网络;制度网络,主要是指政府、区域发展机构、各种协会与

---

① [美]迈克尔·波特:《国家竞争优势》,李明轩、邱如美译,华夏出版社2002年版,第125—164页。

② [美] Porter M. E.. Cluster and the new economics of competitiveness. *Harvard Business Review*, 1998: 77-90. 迈克尔·波特:《区位、集群与公司战略》,载G. L. 克拉克、M. P. 费尔德曼、M. S. 格特勒编:《牛津经济地理学手册》,刘卫东、王缉慈、李小建、杜德斌等译,商务印书馆2005年版,第257—278页。

③ Preissl B.. Innovation clusters: combining physical and virtual links. Berlin, Germany, DIW Berlin, *Discussion papers*, 2003: 1-25.

④ Tether B. S.. Who co-operates for innovation, and why. An empirical analysis. *Research Policy*, 2002, 31: 947-967.

⑤ Schmidt T.. Motives for innovation cooperation-Evidence from the Canadian survey of innovation. Germany, ZEW, *Discussion Paper*. No. 07-018. [英] 笛德(Tidd J.)、本珊特(Bessant J.)和帕维特(Pavitt K.):《管理创新:技术变革、市场变革和组织变革的整合》,王跃红、李伟立译,清华大学出版社2008年版,第192—229页。

企业之间的联系[①]。实际上无论是 Liyanage 所研究的合作研究中心还是 Lee 所研究的地区研究中心，都是集群中网络的重要组成部分，也可以说它们本身也是连接企业、政府、大学的网络。

集群既能够促进竞争又能促进合作；如果没有十分激烈的竞争，集群就会走向衰落和失败[②]。集群中的合作与竞争是共存且不断转化的。集群成员的互补性加强了互动的合作一面，一些集群成员作为伙伴互动而另一些作为竞争对手互动，当然条件改变，新的联盟又会建立。集群中的组织也与其他集群相连接，如供应链或 R&D 合资企业。

以上讨论集群中的竞争和合作主要涉及其积极作用，但是一个明显的悖论是虽然集聚的企业趋于更好的运作，然而它们也趋于更少的生存可能。组织失败率或企业失败率可以视为集群中的企业绩效的一个表征。企业失败的两个重要原因是破产和收购，破产无疑是绩效不良的信号，而收购作为组织失败并不总是那么明显，很有可能是因为小公司具有良好绩效所以才被收购；而统计上并没有区分这两者[③]。

Shaver and Flyer[④] 把集群中的企业分为两类，一类是好企业，具有最好的技术、人力资源、培训项目等；另一类是不好的（poor）企业，具有最弱的技术、人力资源、培训项目等。进而指出在这样的集群中好企业明显收益很少，因为只收获了负的集聚外部性，而不好的企业则收益很大，因为从好公司获得了正的集聚外部性。所以存在逆向选择即好企业将会选择远离其他企业而不是选择与其他企业集聚，而好企业的迁出影响到了集群中企业的生存率。这个思路打破了传统思维即所有企业都选择在地理上集群从而获得竞争优势。但是其假设条件是集群内存在两者异质性非常明显的企业类型，而且业务上相互竞争。这个假设条件只能代表某种集群类

[①] [英] 克瑞斯·亨德里等：《作为商业、知识和制度网络的产业集群——英国、美国和德国的六大区域光电子产业》，载 [意大利] Grandori A.《企业网络：组织和产业竞争力》，刘刚等译，中国人民大学出版社 2005 年版，第 175—215 页。

[②] Porter M. E. Cluster and the new economics of competitiveness. *Harvard Business Review*, 1998: 77—90.

[③] McCann B. T. and Folta T. B. Location matters: where we have been and where we might go in agglomeration research. *Journal of Management*, 2008, 34 (3): 532 – 565.

[④] Shaver M. and Flyer F. Agglomeration economics, firm heterogeneity, and foreign direct investment in the United States. *Strategic Management Journal*, 2000, 21: 1175 – 1193.

型，一旦放宽假设条件就需要新的验证。Folta、Cooper and Baik[①] 指出集群规模与企业绩效存在关联，较大集群中的企业较之较小集群中的企业具有不同的绩效临界点。较大集群中的企业需要更高的绩效水平以维持业务。研究显示集群规模和公司绩效之间存在倒 U 形关系。Khessina[②] 则考察了产品组合对于企业生存率的直接和间接影响，指出企业产品组合的特征如创新与否、产品年龄等影响到企业的生存机会，这种影响传递到产业的生机活力进而影响到竞争的强度，这些又反过来影响到企业的生存机会。

Staber[③] 指出在产业区内小企业网络的已有研究中存在一个研究假定，地理接近对于业务创新和地区发展是重要的，但是验证这个假设的研究却很少；研究显示处于同一个地理位置的同一产业的企业集群提高了商业失败率，而同处于一个地理位置的多样化的互补产业集群降低了失败率，跨产业的信息和资源溢出导致多样化的互补产业提高了企业的生存机会。Staber 指出一些研究涉及了跨企业合作却很少知道合作的绩效结果；地理接近导致竞争或合作，而合作并不一定自动引致创新；如果企业生存率受制于合作网络的缺乏，那么显然需要研究的问题是为什么企业之间尽管地理接近却仍然不合作。

概括起来，对创新集群的内部组织合作研究主要集中于以下四个命题；它们都有待深入研究，需要系统严谨的调研材料加以验证。

（1）何种机制维护了创新集群的组织合作关系从而实现创新集群的集体利益。Larosse et al.[④] 认为在竞争环境中合作是较难以实现的集体利益。Larosse et al. 指出，弗兰德斯经济的各种市场失灵使公司无法充分利用当地的创新集群动力。信息不对称、目光短浅、缺乏合作和信任都妨碍了网络和集群关系的形成和出现。公司基于个体理性使自身利益最大化却

[①] Folta T. B, Cooper A C and Baik Y. Geographic cluster size and firm performance. *Journal of Business Venturing*, 2006, 21: 217-242.

[②] Khessina O. M. Direct and indirect effects of product portfolio on firm survival in the worldwide optical disk drive industry, 1983-1999. *Advances in Strategic Management*, 2006, 23: 591-630.

[③] Staber U. Spatial Proximity and firm survival in a declining industrial district: the case of knitwear firms in Baden-Wurttemberg. *Regional Studies*, 2001, 35 (4): 329-341.

[④] Larosse J., Slaets P., Wauters J. ICT cluster organizations in Flanders: cooperation in innovation in the new networked economy In: OECD. Innovative clusters: drivers of national innovation systems. Paris, 2001: 113-129.

没有很好地理解整体的优势。显然，这些问题需要某些组织构建新的协调机制、发挥新的决策角色。弗兰德斯的主要政策经验可以概括为：最理想的集群发展是市场上经济驱动引导和以新兴网络为基础的集群组织两种动力共同推动的结果；在大多数情况下各种开发机构、企业协会之类的组织与新集群组织相结合，发挥了重要作用。弗兰德斯的经验主要强调协调机制的构建，还有何种机制有助于创新集群集体利益的实现，这值得深入研究。

（2）组织规模与建立合作关系的难易程度成正相关关系。这个问题又可分解为两个小问题，即中小组织间的合作与大组织之间合作的对比，中小组织与大组织之间的合作难易程度。Chaminade[1] 在研究西班牙电信集群时给出了电信集群的一些特征，其中之一是中小企业间的合作不如大企业。但是并没有给出相应的数据和材料支持这一论点，只是指出小企业在寻找合作伙伴方面遇到困难，缺乏人力和技术资源，中小企业在与其他机构的联网方面困难更多，中小企业更需要技术转让与合作方面的支持。这里之所以把它作为一个问题，是因为这一论点有悖于传统理解。长期以来，学界普遍的观点是，在集群内，中小企业开展密集的合作从而取得良好的创新绩效；之所以认为中小企业间会开展合作是因为中小企业相比大企业资源相对不足、无法独立支撑研究计划。应当指出，Chaminade 并没有说明中小企业的合作是在量上还是在质上不如大企业；另外，西班牙电信集群是属于特殊个案，还是具有理论的一般性，这些尚待深入研究。关于中小组织与大组织之间的合作难易程度，Hertog et al.[2] 认为小公司和既定大型公司很难建立合作关系。但 Hertog et al. 并没有给出相应的支持数据和材料。

（3）组织合作的难易程度与创新集群动力成正相关关系。Hertog et al. 认为，组织合作的动力与参与者彼此合作的难易程度密切相关。参与者建立合作关系的难度较小，则更能推动创新集群发展；否则，则会阻碍创新集群的发育。Hertog et al. 指出荷兰多媒体集群发展动力的一个重要

---

[1] Chaminade J. Innovation dynamics in the Spanish telecommunication cluster: policy implications. In: OECD. *Innovative clusters: drivers of national innovation systems*. Paris, 2001: 92 - 111.

[2] Hertog P. D., Maltha S., Brouwer E. Innovation in an adolescent cluster: the Dutch multimedia cluster. In: OECD. *Innovative clusters: drivers of national innovation systems*. Paris, 2001: 133 - 154.

部分来自于公司内部或进入所要求的战略同盟和合资企业以及综合运用多媒体4个组成部分的能力;战略同盟和集群中特殊信息的快速增加是当前集群动力的一个典型特点。

(4) 创新集群组织合作的非均衡性。Whalley 和 Herto[①] 认为,在创新集群中合作并非均匀地分布着,小部分参与者主导着合作,绝大多数参与者在合作中发挥着较弱或边缘的作用。他们根据瑞典生物集群的案例研究了创新集群中参与者 (actors) 之间合作的本质:在公共研究机构间的合作方面,分析显示一些机构之间存在密集而普遍的合作而其他机构则逊色很多。哪些组织在合作中处于权威地位、为何会处于权威地位以及会造成何种影响,这同样需要在未来研究中考察。

第四节 创新集群中组织发育路径

创新集群中组织发育路径可以概括为两种:以自组织为主的组织发育路径和以政府发起为主的组织发育路径。前者以硅谷为代表,后者以弗兰德斯信息通讯技术集群和其他后发国家集群为代表。

一 以自组织为主的组织发育路径

硅谷是自生自发演化的产物而非政府命令的结果,它是无数偶然因素和必然因素交叉累积的产物而非人之设计的结果;硅谷作为高科技集群它的内部组织的发育也是自组织的过程。抽象地分析,以自组织为主的组织发育路径可以分解为以下几个步骤。

(1) 环境因素的孕育。以硅谷为例包括优越的地理环境、东西方文明的交汇、人才流动的全球化、淘金的历史传统、政府的治理理念甚至战争的因素。淘金的历史传统使得硅谷人具有特别强烈的冒险、开拓、创新、寻求财富的精神;战争的因素是指美国在20世纪30年代将一个空军基地和第二个航空航天基地设在了柏拉阿图市,后来这一地区逐渐发展成为美国最重要的军事技术和航天技术中心。

(2) 作为发动机的中心组织和核心人物出现。斯坦福大学是硅谷起

[①] Whalley J., Hertog P. D. Clusters, innovation and RTOs. University of Brighton, UK, Workpackage synthesis report, 2000: 1–78.

步的发动机，特曼是其中的关键人物。斯坦福大学提供了人才、技术、资金和设备等几乎全方位的支持。

（3）中心组织通过三种方式推进组织发育：支持、孵化新的组织出现、创建新型次中心组织以及吸引已有组织加盟集群。斯坦福大学特别注重引导、鼓励和支持学生们创立自己的企业。1951年斯坦福大学创建了世界上第一个科技园区（原名为斯坦福工业园区），特曼是斯坦福工业园区的主要发起人。科技园区成立后便吸引了各个科技领域的企业加盟。

（4）大型组织创建新的研究中心、组织裂变产生新的组织、知识密集型服务组织和法律、会计等专业组织出现。斯坦福大学创建了斯坦福大学集成电路系统中心，联邦实验室有阿莫斯研究中心、劳伦斯伯克利实验室、森蒂亚国家实验室，企业实验室具有代表性的有施乐帕洛阿托研究中心（PARC）。硅谷支柱型公司通过裂变、剥离产生新的公司，为集群的深入发展和价值链条的更为专业化做出了巨大贡献。风险资本在沙丘路云集。

（5）大学、研究所、企业、风险资本和专业服务机构之间密切合作的组织网络的出现是硅谷创新集群成功的重要因素之一。硅谷发达的专业协会之间的交流和协会会员的流动实现了协会组织之间的直接和间接连接。

二 以政府发起为主的组织发育路径

据 Larosse et al.[①] 关于弗兰德斯信息通讯技术集群组织的研究，可以观察到创新集群中以政府发起为主的组织发育路径，现在概括如下。

（1）环境因素的孕育。以弗兰德斯为例包括国际及地区竞争、社会需求、政府治理、领导人的理念等。1989年比利时为推动区域化发展战略，将大部分经济政策决策权转移到区域性政府。为了摆脱对外来直接投资的依赖，弗兰德斯的领导人倾向于把集群作为一种新的发展战略。

（2）公共政策出台、促进创新集群的法案出台。1993年弗兰德斯政府发布集群发展政策，宣布政策目标。据此弗兰德斯政府为符合标准的集

---

① Larosse J., Slaets P., Wauters J. ICT cluster organizations in Flanders: cooperation in innovation in the new networked economy In: OECD. *Innovative clusters: drivers of national innovation systems.* Paris, 2001: 113 – 129.

群提供支持。1999年弗兰德斯政府颁布一项创新法案,规定创新政策作为整体的法律基础,其中包括严格审查集群项目的规定。

(3) 1996年弗兰德斯语言科技谷计划开始启动,它成为科技谷新政策的典型代表,其目的是建立一个新兴技术产业网络。弗兰德斯语言科技谷的第一个发展阶段与L&H公司——一家初创的信息通讯技术公司有关,这家公司专注于语言技术的开发。经过出售许可证和并购其他公司,L&H公司独立发展的理念逐渐走向网络化发展。此时,许多客户要求加盟L&H公司的语言实验室;私人投资也蜂拥而至,成立了风险资本基金(FVL基金)组织,下设12个机构例如FVL商业开发部、FVL教育部、FVL人力资源部以及FVL基金会等。

(4) 1999年FVL基金会改名为语言、人工智能和语言信托基金,主要通过对外连接促进区域间、集群间的网络系统应用。

从以上分析可以看出,弗兰德斯信息通讯技术集群发展中政府所承担的角色更多的是政策引导和环境培育,并非政府主导。而根据Lee[26]的研究,韩国作为后发追赶国家,在其创新集群内部组织发育方面,政府更多地承担了创建和发起的作用。为了促进已有集群向创新集群演化,韩国政府意识到必须在公司、大学和公共研究机构之间结成网络。在宏观层面上于1986年和1994年出台了《研究合作社促进法案》和《合作研究活动促进法案》。在微观层面上韩国政府建立了合作研究中心,典型代表是地区研究中心(RRCs),截至2001年韩国已经建立了46个地区研究中心。地区研究中心的建立过程是自下向上的,拥有研究中心的大学向中央政府专门机构提出建立RRCs的申请,由专门委员会审批。Bortagaray和Tiffin也指出很多城市创造了各种组织(organizations)旨在推进地方创新集群的创造和管理。

第五节 本章小结

综上分析,未来创新集群中有关组织的研究,需要注意到以下研究趋向:(1)既然创新集群发展动力与其组织间合作的难易程度有关,那么显然需要研究:如何通过有效的组织间合作治理来推动创新集群的发展;(2)互动学习理论自Lundvall等学者开创以来一直在蓬勃发展,依然代表着未来的研究方向;而当前创新集群中的组织研究集中在组织功能和连接的描述上，还未能与学习理论充分衔接；因此，基于互动学习和演化过程深入考察创新集群组织间关系显然属于这个未来研究方向的一个理论分支。

发展创新集群的环境不能假定为成熟的市场经济，否则在后发国家的国情背景下这个假设不现实，自然研究结论也难以转化为有效的政策实践；刻板套用研究结论或许造成灾难性后果、延误创新型国家的建设进程。那么哪些结论契合中国当前创新集群的发展实际？采用某种动力机制发育创新集群组织时又必须注意到何种约束条件？在中国这样的后发国家和转型国家，创新集群是否会自动发展起来？

随着全球化的不断加深，创新集群中组织的短期效率与长期适应性之间的矛盾必然加剧，如果组织为了短期利益而忽视长期适应能力的建设很可能遭受衰退的风险；那么何种组织机制能够走出这种困境？随着分工的更加细密和国际化以及技术的模块化，模块化组织概念应运而生；但是模块化组织是否能够担当走出上述困境的重任？

如果试图探寻创新集群的组织发育的本质，那么实质上也是在回答创新集群的组织治理的问题。Hipel早就强调供应商和消费者的互动是创新的源泉，Lundvall指出创新作为一个互动的过程；在创新互动论的基础上Lundvall强调创新集群的特征可以视为互动学习和集体行动的过程。如果把培育创新集群视为集体行动的过程，那么创新集群中组织发育的本质就转换为：集体行动中的组织是如何发育的？集体行动中的局部秩序是如何存在和确立的？实际上也是回答以下问题：集群治理中组织间关系是如何形塑的或者集群治理中的局部秩序是如何存在和确立的。回顾上文亟须深入研究的四个命题，可以发现它们都在创新集群的组织治理的范畴内：企业规模大小与建立合作关系的难度；大企业和中小企业之间的权力关系；组织间合作关系的非均衡问题；何种机制维护了创新集群组织间合作关系从而实现了集群的集体利益。

第七章 创新集群知识治理的共生演化机制

创新集群在本质上是一种产业经济组织,无论是地理空间维度下的创新集群,还是技术经济空间维度下的创新集群,归根结底还是一种经济组织。而对于经济组织的研究,在演化经济学视野下存在两种研究范式:哈耶克—诺斯范式,主要关涉国家和人类的宏观制度范畴;熊彼特—阿尔钦范式,主要关涉企业和机构的制度范畴。Pelikan[①]认为虽然这两种范式各自的研究比较充分,但是两者之间的联系却很少;例如哈耶克及其追随者很少涉及熊彼特有关创造性毁灭的观点,而熊彼特—阿尔钦一派通常假定标准资本主义制度的存在,极少关注哈耶克—诺斯视野下的国家制度演化;由此 Pelikan 强调将这两种范式的知识联结化似乎是研究经济组织演化的唯一路径。而作为简化的国家创新系统,创新集群作为中观层面的经济组织,又是综合利用这两者加以研究的适当对象。同时 Maskell[②]指出在现有相关研究中一个明显的理论盲点是有关的制度变迁如何影响微观行为。基于此,第七章研究了创新集群的知识、组织和制度的共生演化关系,以现有知识存量为先导,经由组织认同,国家权威发起制度变革,直接或间接促进了知识生产机构的增加和质量的改善,在企业家能力的整合下引发了微观组织的创新,这些创新又反哺知识生产机构,竞争和多样性的激荡作用又引致社会知识和社会理念的渐次改变。

---

① [捷克] 皮里坎(Pelikan):《经济和生物演化中的自组织过程和达尔文主义选择:对组织过程信息来源的研究》,载 [澳] 福斯特、[英] 梅特卡夫编《演化经济学前沿:竞争、自组织与创新政策》,高等教育出版社 2005 年版,第 149—152 页。

② Maskell, P. and Malmberg, A. Myopia, knowledge development and cluster evolution. *Journal of Economic Geography*, 2007, (7): 603–618.

第一节　创新集群中的组织与制度的相互依存关系

在英文文献中论述创新体系和创新集群时常常出现 organization 和 institution 两个词汇一起使用指称组织的语境。organization 指称组织没有疑问，问题在于 institution 在何时指称组织或机构、何时指称制度。考察这个问题不仅是为了翻译得更恰当，而且还涉及如何理解创新系统的丰富内涵；涉及如何理解创新集群的组织构成。

一　制度与组织：从 institution 的概念性模糊论起

Institution 的使用存在概念性模糊，甚至在同一篇文章中同时指称多重含义。Edquist 和 Johnson[①] 指出，在所有创新系统研究中都可以发现 institution 一词，但是它的概念和范围却存在不确定性。Sharif[②] 在评述创新系统研究时也指出一个如此模糊的概念折磨着 institution 这个词汇，它被不同的作者在不同的情况下使用；有时它是指系统中不同类型的组织（organizations）或参与者（players），例如 Nelson 和 Rosenberg（1993）；然而有时它又指法律、路线和其他博弈的规则，例如 Lundvall（1992）。在 Lundvall（1992）的经典著作中 institution 一词主要指称制度；Lundvall[③] 在第一章指出制度（institutions）是为主体提供引导、降低不确定性，其最基础的特征是历时的相对稳定性；Niosi[④] 为国家创新系统（NSIs）下定义时 institution 指称组织，解释这个概念时指称制度。即 NSIs 是一个相互联系的组织（institutions）集合，核心由生产、扩散和改造新技术知识的各种组织构成；它们是产业公司、大学或者政府机构。NSIs 的构成元素是制度（institutions）和连接；institutions 是习惯、路线、规则、规范和法律的集合，它们规治人们之间的关系、形塑社会互动；私人公司、大

[①] Edquist C., Johnson B. Institutions and organizations in systems of innovation. In C. Edquist, ed. *Systems of innovation: Technologies, institutions and organizations*. London: Pinter, 1997: 41 – 63.

[②] Sharif N. Emergence and development of the national innovation systems concept. *Research Policy*, 2006, 35: 745 – 766.

[③] Lundvall B. A. Introduction. In: Lundvall B. A. (Ed.), *National systems of innovation: towards a theory of innovation and interactive Learning*, Pinter, London, 1992. 1 – 16.

[④] Niosi J. National systems of innovations are "x-efficient" (and x-effective). Why some are slow learners. *Research Policy*, 2002, 31: 291 – 302.

学、政府和其他公共机构在这里作为正式的机构（institutions）或组织。

Nelson 和 Rosenberg[①]为国家创新系统下的定义是：在互动中决定一国公司创新绩效的各种机构或组织集合（set of institutions）。这个定义中，institutions 指称组织或机构。在 Nelson[②] 所著《经济增长的源泉》一书中专辟一章回顾对国家创新体系的研究，其中严肃地讨论了国家创新体系的基本术语和概念："创新"从广义上理解是指企业掌握和开展新产品的设计过程和制造过程；"体系"指的是一套组织机构，指在影响创新业绩方面共同发挥重要作用的一系列组织主体。但是，Nelson[③] 把 institutions（制度）概念界定为社会技术并认为这个界定与创新系统自洽。同时他认为国家创新系统是一个极好的制度概念。

大多数情况下，institution 被用作两种含义。Edquist 和 Johnson 指出：（1）在一些研究中特别是创新研究中它是指涉及科学和技术知识的生产、扩散和管理的各种主体（bodies），这种情况下 institution 主要指特殊机构，通常是公共组织和非公司组织；（2）在另一些文献中，institution 是由制度理论（institutional theories）发展而来。Coriat 和 Weinstein[④] 也指出，在创新系统定义中一般说来 institutions 包含两个方面（互补）的含义：（1）被称作一定组织结构（organizational architecture）的角色，这角色会由于以下两个方面的差异而有所不同：国家或地区涉及到创新过程中不同类型组织和机构的本质，以及这些组织之间合作范式的本质。一个参考就是"组织网络"（Freeman，1987）；（2）强调制度框架（institutional framework）的角色，它界定个人和群体的社会地位和功能并且约束他们的行动，这里采用的是标准制度经济学的方法。

如何清晰地辨析这两种含义，Edquist 和 Johnson 给出了创新系统中组织（organization）和制度（institution）的清晰界定：创新系统的构成包括组成部分以及组成部分之间的关系；创新系统的主要组成部分是组织（organization）和制度（institution）；组织是被有意识创造并具有明确目的

[①] Nelson R. R., Rosenberg C. Technical innovation and national systems. In: Nelson R. R. (ed.), *National innovation systems: a comparative analysis.* Oxford University Press, 1993.

[②] Nelson R. R. *The sources of economic growth.* Harvard University Press, 1996.

[③] Nelson R. R., Nelson K. Technology, institutions, and innovation systems. *Research Policy*, 2002, 31: 265–272.

[④] Coriat B., Weinstein O. Organizations, firms and institutions in the generation of innovation. *Research Policy*, 2002, 31: 273–290.

的正式结构,是运动员、参与者(players)或演员、行动者(actors);制度是规治个体、群体和组织间互动和关系的共同习惯、规范、路线、已建立之范例、规则或法律的集合,是游戏或博弈的规则。Coriat 和 Weinstein 也认为组织(organizations)和制度(institutions)的区分在许多创新研究中并不总是非常清晰,但至少 North 的思想可以作为一个起点:假如制度(institutions)是博弈或游戏的规则,那么组织(organizations)就是参与者(players)。组织和制度的关系类似于马克思所谓生产力与生产关系的关系:制度形塑组织的形态、约束组织的行为;组织是具有主体性的因素,可以在尊重规律的前提下重新界定和转变制度规则。

在制度厚度(institutional thickness)概念中可以发现组织和制度的共生关系。David Keeble 等指出:就像更早指出的那样,学者们同时接受了"学习型区域"和"区域创新系统"两种路径意在强调区域中非公司的组织(non-firm insitutions)的作用;一个由 Amin and Thrift 持有的、相似的观点是强调区域制度厚度的(institutional thickness)重要性,这个区域制度厚度是指支持性的组织和机构(institution)构成的一个整合型网络形式,其中组织和机构包括公司、金融机构(institutions)、地方商业团体、培训机构、贸易协会、地方当局或权威、发展代理、创新中心、牧师群体、工会、提供 premises 的政府机构、土地和基础设施、商业服务组织、市场委员会等等[①]。在《牛津经济地理学手册》中文译本中 Amin and Thrift 的 institutional thickness 概念时译者翻译为:制度厚度[②]。同样是引用 Amin and Thrift 的 institutional thickness,吕拉昌、魏也华(2005)[③] 翻译为制度厚度,下面为他们的译文和解读。

> Amin and Thrift 从四个关键组成要素对制度厚度(institutional thickness)下定义:(1)强烈的制度存在,包括企业、地方当局、商业协会、金融制度、发展机构、工会、研究与创新中心、自愿团体;

---

① Keeble, D., et al. Collective learning processes, networking and institutional thickness in the Cambridge region. *Regional Studies*, 1999, 33 (4): 319 – 332.
② [英] G. L. 克拉克、[美] M. P. 费尔德曼和 [加拿大] M. S. 格特勒编:《牛津经济地理学手册》,商务印书馆 2005 年版,第 427 页。
③ 吕拉昌、魏也华:《新经济地理学中的制度转向与区域发展》,《经济地理》2005 年第 4 期。

（2）在各种制度间产生高度的相互作用，促进相互合作、交流及反射网络的形成，在地区制度安排方面产生显著的同构；（3）制度厚度取决于主体结构，通过联合建造和集体存在，将部门主义和制度之间的冲突降到最低；（4）上述三方面导致一种涵化和集体动员，使各部分围绕特定的议程、项目或区域的社会经济发展的共同目标，形成共同感。这些因素的结合反映了地区的制度厚度的程度和性质。

从这一段译文来看，所谓制度厚度的四个组成要素实质上是组织形式、组织间相互作用、组织的集体存在和组织的集体动员和共同目标。相比较而言，与诺斯的经典定义制度是行为的规则、惯例或习俗并不相同，与纳尔逊所谓制度是通路 roads or ways 也不相同[①]；但是从组织的角度为制度厚度下的定义却更能凸显出组织和制度之间的共生关系，诺斯的概念似乎把两者清晰划分开了，同时也隔离和简化了两者关系——制度和组织之间并不完全是运动赛场上运动员和比赛规则之间的关系，在比赛规则一定的条件下任意场地任意运动员都必须遵守比赛规则，但是不能简单地认为制度一定的条件下任意组织都可以生成，如果没有生成相应的组织（正式或者非正式）那么制度所依存的基础是不存在的。归根结底，制度和组织之间是共生的、相互依存的关系。

当然也有学者将 institutional thickness 理解为机构稠密性[②]。由此可见，institutions 的翻译并不是显而易见的，翻译取决于对这个概念的认识：是组织形式取决于制度安排，还是制度安排取决于组织形式，抑或相互作用？笔者倾向于制度厚度的含义，根据上文所引用的译文，institutional thickness 不仅包含了一系列的组织形式，还包含了组织间相互作用和主体结构的含义，仅仅机构稠密性难以涵盖。当然，度量制度厚度可能需要从两个方面着手：一是规则意义上的考察，出台的法案、规章的数量等；二是组织意义上的考察，可以把度量问题转化为对于组织厚度的度量。

[①] Nelson R. R., Nelson K. Technology, institutions, and innovation systems. Research Policy, 2002, 31: 265-272.

[②] 王缉慈等：《创新的空间：企业集群与区域发展》，北京大学出版社 2001 年版，第 133 页。

在集群研究中 institutions 指称组织或机构的情形较为常见。如 Porter[①] 在组织含义上使用了 institution 一词，即集群是在特殊领域一些既竞争又合作的相互连接的公司、专业供应商、服务供应商、相关产业的公司和相关的机构（institutions）（如大学、标准机构和贸易协会）在地理上的集中。Lee[②] 给出的创新集群定义中 institutions 指称机构，即如果集群（clusters）包含了各种各样的诸如 R&D 实验室、大学和私人公司这样的组织（institutions），并且这个集群能够生产新的知识、把知识转换为新的产品和服务使得知识商品化，那么它们就是创新集群。

需要指出，制度本身蕴含着由来已久和群体认同这两个本质含义，群体认同中已经包含了公共性，所以私人制度和公共制度的表述不够严谨，因此，private institutions and public institutions 只能理解为私人机构和公共机构。

创新系统是宏观概念，创新集群作为简化的创新系统是中观概念。或许因此创新集群文献相对于创新系统文献，institutions 一词指称制度的概率有所降低，从高度强调制度的作用转换为讨论政府的角色和恰当政策工具的使用。

二 制度与组织的共生关系

根据 North 的理论，假如制度（institutions）是博弈或游戏的规则，那么组织（organizations）就是运动员（players）。问题在于：谁（哪些组织）是规则的裁判员？谁（哪些组织）是规则的制定者和维护者？显然仅仅说组织是运动员是不充分的，还没有充分明确组织和制度两者之间的关系，除了规则和运动员之外还存在空白地带。

纳尔逊（2001，2002）指出作为道路的制度是一种社会技术；社会技术既包括特定组织内结构化的方式，例如 M 型组织即是一种社会技术，也包括跨组织边界的交易方式。社会技术相对于物质技术而言，物质技术是改造社会的技术手段，面对的对象是自然界和生理意义上的人；社会技术是利用物质技术改造社会时所使用的协调和组织手段，面对的对象是人

[①] Porter M. E. Cluster and the new economics of competitiveness. *Harvard Business Review*, 1998：77-90.

[②] Lee K. From fragmentation to integration: development process of innovation clusters in Korea. *Science, Technology & Society*, 2001, 6：305-327.

与自然的和谐、人与物质技术的协调以及作为社会意义上的人和组织。原有的和新的市场组织模式、新的工作组织模式、新的法律以及新的集体行动模式等都属于社会技术的范畴。

有关社会技术与物质技术的关系，田鹏颖（2007）认为尽管马克思没有明确使用"社会技术"概念但是马克思的理论体系中包含了这些思想，人们调整、改造人与自然界的关系的实践性知识体系是自然技术，而人们调整、改造人与人（社会）关系的实践性知识体系是社会技术。日本学者三木清认为："技术存在于主体对环境的积极适应和使之发生变化并创造新的环境过程中——如果我们所说的环境不仅仅指自然环境，还包括社会环境的话，那么除了有作用于自然的技术，还应当有作用于社会的技术。相对于自然技术来说，应当有社会技术。"[①]

制度是共同体所共有的制度。制度不是无边界的，有其适用的范围，范围大小视被认同的群体或共同体大小而论；可以是国际范围例如联合国反对核武器协定，可以是国家范围，例如一国法律法规，可以是某一个行业的行规或某种特定的经营模式，例如福特模式和丰田模式。后者是由组织内衍生的特定模式经由行业内广泛学习和高度认同而形成的制度，即典型的组织模式也可以视为制度。

概言之，制度和组织之间也存在密切的逻辑关联，制度的不同含义对应着组织的不同角色和功能，两者之间的关系远比博弈规则和运动员这种类比丰富多彩[②]。

第二节 创新集群中制度质量对知识增益的影响

有关知识和制度之间的共生演化关系问题，一些著名学者提供了富有启发的洞识。本节首先分析制度对于知识增长的影响，考察制度作为自变量的知识生产函数的初步改进，下一节综合考察知识、制度和组织的演化关系。

---

① 邹珊刚：《技术与技术哲学》，转引自田鹏颖：《马克思和康德"两种实践"观的本体论隐喻——试从社会技术哲学视角看》，陈凡、秦书生和王健主编：《科技与社会（STS）研究》（2007年第一卷），东北大学出版社2008年版，第46—52页。

② 罗尔斯认为，作为公平的正义的善的制度是公民基于自由平等的合作体系。大多数制度探讨都是基于工具主义视角，而作为善的制度是基于价值视角的。

一 著名学者对于知识和制度关系的论述

哈耶克（1945）指出哪种制度更加具有效率，将在很大程度上取决于究竟在哪一种制度中能够期望现有的知识得到最为充分的运用。诺斯（1990，2005）认为知识存量的增加一直是人类福利增加的基本源泉，而导致知识存量增加的主要源泉有相对价格的变化、信念的改变以及制度的变革，制度变迁改变了合作行为的收益，制度提供了知识生产和共享的系列框架。Johnson 探讨了制度学习的主题，指出制度（institutions）不仅提供社会稳定性、使得再生产成为可能，而且还为不同形式的社会变革设置了前提条件。制度主要通过学习效应影响变革，制度以多种方式和在不同层次上影响知识增长。兰德斯（David S. Landes）（1998）指出国家的进步和财富的增长，首先是体制和文化；其次是钱，但是从头看起而且越来越明显，决定性因素是知识。

二 制度质量及其操作化指标设计

制度质量决定了知识增加的数量和质量，或者原本存在的、束之高阁的知识被有效加以利用了，或者被整合到其他知识体系和技术体系中发挥了更大的整体价值，或者原有知识被找到了新的用途。例如说蒸汽机＝水排＋风箱[①]；中国古代既发明了水排又发明了风箱但是没有发明出蒸汽机。原因在于中国和西方对于知识的激励性制度安排不同，在纺织工业大发展的时期对于机械动力的需求无疑是强烈的，另外海权国家对外扩张的势头也导致对于机械动力的强烈需求，欧洲的分裂和战争格局致使 19 世纪的欧洲各国呈现一种高度竞争的格局。相比较而言，当时中国处于大一统的皇权统治时期，没有向海洋扩张的强烈欲望甚至几度闭关锁国，没有感受到外来的强大竞争压力；或许正因为这样的制度条件，才使得中国古代的技术知识没有被有效整合在一起、没有被进一步发展；虽然获得了一定的技术知识但是没有深入研究技术背后的系统知识基础；虽然发现了石油、天然气和煤炭，虽然有四大发明，但却没有发生工业革命。

制度质量改进的程度决定了知识数量和质量的指数级增长。皇室悬赏

[①] 蒸汽机的例子参见钟书华《科学技术发展与当代中华民族精神》，载刘献君主编《现实挑战与路径选择——民族精神的对策研究》，人民出版社 2009 年版，第 87—88 页。

或政治家的表态支持与一部正式颁布的专利法相比，前者可以视为一种政策或短期表态式的政策，不确定性较强；后者毕竟是颁布实施的法律，其不确定性较低，因此制度改进的程度大大增加。例如西班牙皇室对于地球经纬线研究的悬赏、德国化工产业与德国专利法的相互支持。

具体对于产业或创新集群而言，制度质量可以细分为三个层面考察。(1) 相应创新集群的制度完备性，如教育制度、金融制度、专利制度、新企业的准入制度等。(2) 制度的执行状况，这个指标可以反映制度是否适应当时社会和经济的需要；(3) 制度公平感状况，这个指标可以反映出参与者对于当时制度所体现的公平感的认知，以及参与者的主人翁姿态和进取精神；(4) 制度互补性状况，这个指标反映多种制度（包括各种政策）之间的相互匹配状况，是否存在相互打架、作用力相反的状况；(5) 研究与开发费用（R&D）状况，这个指标可以间接反映制度质量状况，但是不能仅仅利用 R&D 来判断制度质量；(6) 制度偏好，即现存制度是偏好于可用资源的生产性应用，还是偏好于可用资源的艺术性、鉴赏性应用，抑或是制度设计者的个人偏好如私欲、癖好等[①]。制度对于多样性的容忍[②]，这个指标反映当时制度对于参与者、组织类型以及知识来源与体系、技术来源与体系的多元化共存状态。

制度质量作为自变量，难以与产量、月收入一样在统计资料上找到，只能采用德尔菲法对其赋值，可以考虑 5 级打分法，对创新集群的制度质量赋值为 1 分、2 分或 5 分。制度质量改进的程度取决于上一期制度质量的状况，对它的赋值同样也只能采用德尔菲法。各个操作化指标的权重同样依赖德尔菲法；同时还要依靠对于创新集群中企业家的访谈以及预调查。度量制度质量的操作化指标体系参见表 7-1。

三 制度作为自变量的知识生产函数的初步思考

对于创新集群中不同的产业而言，在制度质量一定条件下，产业生命周期不同，知识生产的数量和质量是不同的。因此知识生产函数需要考虑产业生命周期的不同阶段，并对不同阶段赋予一定的系数。同理，对于创

[①] 制度偏好的两个典型：大清晚期领导人罔顾江山社稷、不顾海军建设执意建造满足私人欲望的圆明园；新中国"勒紧裤带"也要研发、制造原子弹。

[②] 制度对于多样性的容忍至关重要，将在第八章重点分析。

新集群中不同的产业不同的技术而言，在制度质量一定条件下，技术生命周期不同，知识生产的数量和质量是不同的。同样，知识生产函数需要考虑技术生命周期的不同阶段，并对不同阶段赋予一定的系数。

表7-1 制度质量的操作化度量指标

指标	二级指标	
制度完备性	教育制度	
	金融制度	
	专利制度	
	创业制度	
	破产制度	
	竞争性	
	多样性	
制度执行性	制度执行时限（时间效率）	
	制度执行成本（成本效率）	
	制度执行人员的主动性	
制度公平感	所有制公平感	国有
		民营
		外资
		合资
	企业规模公平感	大型
		中型
		小型
	产业类型公平感	传统劳动密集产业
		重工业
		高科技产业
制度互补性	高阶制度与低阶制度的互补	
	同阶制度之间的互补	
	公私合作或公共秩序与私人自治的互补	
制度偏好	偏好于可用资源的生产性应用	
	偏好于可用资源的艺术性、鉴赏性应用	
	偏好于制度设计者的私欲	
R&D 投入	平台 R&D 投入（涉及集体行动 R&D 投入）	
	企业 R&D 投入（涉及企业个体 R&D 投入）	

结合以上分析，这里仍然需要强调这个问题：知识生产函数依然采用传统的投入产出分析是否适当？第一，传统生产函数将投入简化为劳动和资本，技术状况采用一个系数来说明；知识生产函数将投入换成了研究和开发经费支出（R&D），那么通俗地说，是否可以认为经费或钱的多少决定了知识生产的多寡和质量的高低？那么又如何理解大清帝国洋务运动的失败，洋务运动对于技术设备和技术人员的投入，从经费上衡量绝对是大数目；那又如何理解新中国在艰苦条件下"两弹一星"的研发和制造成功。第二，在集群、产业或国家层面上讨论知识生产函数时如果仅仅使用各个企业和机构研究和开发经费（R&D）的加总量作为投入，能否有效衡量知识生产的数量和质量是值得怀疑的；例如不能仅仅使用人均医疗费用支出来度量国民个体所享受的医疗服务质量，例如不能仅仅使用人均国民收入作为度量国民幸福感的指标。第三，还有一个值得注意的问题，知识与制度的关系是否适合生产力与生产关系、经济基础与上层建筑关系的经典判断。吴敬琏在考察技术与制度关系时指出，"现代关于技术和制度变迁历史的研究、关于技术进步与制度安排之间关系的理论，早就否定了上述对生产力与生产关系、经济基础与上层建筑关系的机械理解"[①]；他所利用的论据是诺斯和托马斯《西方世界的兴起》以及罗森堡和小伯泽尔《西方致富之路》的论述。这里还需要做出更为深层的考察：知识是属于生产力还是属于生产关系，制度是属于生产力还是属于生产关系？制度在纳尔逊视野下被视为"社会技术"，类似于诺斯的"博弈规则"或者威廉姆森的"治理模式"[②]，也就是说，制度本质上也是一种知识，一种致力于协调的知识，所以归根结底还是知识属于生产力还是生产关系的问题；波普三个世界的划分（物理状态的世界、意识状态或精神状态的世界以及思想的客观内容的世界）、两者知识的划分（即主观意义上的知识或思想以及客观意义上的知识或思想）或许有助于思考这个问题，即将主观意义上的知识或思想划分给生产关系范畴、将客观意义上的知识或思想划分为生产力范畴；然而问题在于波普认为客观意义上的知识或思想是

---

① 吴敬琏：《发展中国高新技术产业：制度重于技术》，中国发展出版社2002年版，第5—7页。

② ［美］理查德·纳尔逊：《作为经济增长驱动力的技术与制度的协同演化》，载约翰·福斯特、斯坦利·梅特卡夫主编《演化经济学前沿：竞争、自组织与创新政策》，高等教育出版社2005年版，第19—29页。

没有认识者的知识、没有认知主体的知识，这样这个知识的划分本身是否妥当就存疑了。

如果将知识与制度或者技术与制度的关系视为共生演化的关系，那么就绕开了知识与制度谁决定谁的纠缠，而是知识与制度相互作用的关系，这种互动论在创新理论中已被广泛接受，经过伦德瓦尔、罗森伯格等的发展已经成为创新理论中主流思想并且仍然代表未来的发展方向。

第三节 创新集群中知识、组织与制度的共生演化

首先在基础理论层面分析了知识、制度和组织三者之间的关系，在宏观层面分析之后更加容易理解在创新集群的产业层面上知识、制度和组织三者之间的共生演化关系。

一 知识演化与制度演化：以组织为中介变量

制度的演化分为两种：新制度的引入和原有制度的变迁。知识演化分为个体的知识演化和国家、社会或组织整体的演化。制度既然作为人际互动的规则和社会技术，那么它必然受到个体认知或组织认知的影响。

按照马克思的思想，制度属于生产关系范畴，那么制度的演化取决于生产力的发展。按照纳尔逊作为社会技术的制度思想，制度的演化有赖于物质技术的进步和扩散。然而无论是生产力还是物质技术的发展都以知识的进步为内核，因此知识演化和制度演化之间存在必然的逻辑关联；但是这都是在宏观意义上讨论的。需要指出，在宏观意义上讨论两个变量的关联需要在微观上找到通道，一个可行的通道是组织作为中介变量（参见图7-1）。

知识演化 ⇒ 组织认同 ⇒ 新制度引入制度变迁 ⇒ 组织维护 ⇒ 制度运行

图7-1 组织作为中介变量的制度演化

在毫无规则的人际互动中或参与主体处于沼泽而寸步难行之时，交易无法达成、交易费用过高。在漫长的时空演化中制度存在两种演化路径。

一是各自在自己生态圈中寻找最简单的道路、最容易识别的道路,例如羊作为交易工具的货币,贝壳作为交易工具,后来是金银,以及纸币;从这些交易工具可以发现起关键作用的是参与主体的地方性知识,羊或许是草原牧民的地方性知识,贝壳也是当地居民容易获得之物;随着地方性知识的演化,大家逐渐认知到金银是最稳定、最容易储藏、最容易分割的交易货币,货币慢慢演化为金银,正如马克思所谓货币天然是金银,金银天然是货币。二是开始之初处于混沌状态,所有群体都在各自的地方性知识范畴下生存,但是随着交易圈的扩大或战争的爆发,当两种或多种地方性知识共存时,制度的演进取决于强势的地方性知识或者是居强势地位组织的地方性知识。例如秦朝时期秦王嬴政统一六国后统一了货币为外圆内方的钱币。如图7-2所示。

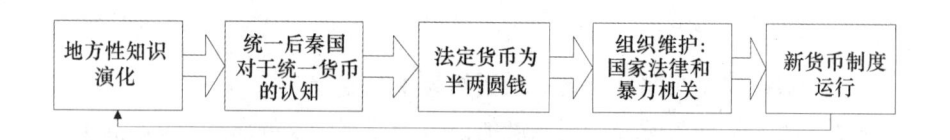

地方性知识演化 → 统一后秦国对于统一货币的认知 → 法定货币为半两圆钱 → 组织维护:国家法律和暴力机关 → 新货币制度运行

图7-2 秦国作为组织中介变量的秦货币制度演化

需要指出,图7-2反映的只是其中一种知识演化的结果:居强势地位组织的地方性知识,即秦国和秦王具有强势地位,所以所具有或利用的地方性知识具有强势地位。还有另一种知识演化的结果:社会中各种地方性知识中一种地方性知识具有强势地位,具有暴力或武力强势地位的组织的地方性知识不具有竞争力;这是清朝入关以后的状况,当时虽然满族人具有武力强势地位却不具有知识的强势地位,所以清朝除了一些清王族的特殊利益以及军事制度外,大体清随明制。

虽然很多时候个人认知早于组织认知,但是制度的变迁总是以组织认知取得广泛认同为前提的。中国的改革开放的大范围制度变迁即是如此。开始之初往往是少数人春江水暖鸭先知,极富远见和洞察力地认知到需要制度变迁。邓小平1974年率领代表团赴美国参加联合国大会,1978年在十一届三中全会前夕,访问日本之际参观了新日铁、日产和松下三个大型企业,乘坐了新干线;邓小平认为经历这次访日他认识到什么是现代化了。这次访日之后中国出现了日本热,中国考察团大量访问日本,日本专家和学者也大量受邀到中国讲课。访问、参观和讲课都是以知识为内核的，新知识的输入影响了个体的认知；对于原有制度的认识也影响到个体的认知。个体的认知经过整合进入组织认知，并被组织储存起来；组织认知又影响到重大决策即制度变迁。如图7-3所示。

新知识输入及领导人认知变化 → 十一届三中全会党的决议 → 改革开放的制度变迁 → 组织维护：国家机关保驾护航 → 制度运行

图7-3 政党作为组织中介变量的中国改革开放制度演化

以组织作为中介变量，知识演化影响到制度演化的思想具有重要的现实意义。第一，基于善治的视角，强势地位组织的知识需要被纳入或被整合到决策组织中去，否则，新制度引入或制度变迁以后组织维护环节会遇到难以想象的困境，制定了规则但是没有实施的合法性和权威性，这样势必威胁到治理绩效。第二，居强势地位的知识需要被纳入或被整合到决策组织中去，因为这里所谓居强势地位的知识是自然演化出现的结果，并非人力设计而为之，所以这样的知识往往是先进之邦或知识精英群体所具有的知识。这种知识类型一般地也代表着社会未来发展的方向，未能有效地整合这种知识，在很大程度上会失去对趋势的把握，失去未来也不是危言耸听；国富国穷的故事就是这样演化的，国家贫富的根源也在于此。古代中国也有一些先进的技术知识，但是这些知识未能有效地整合进决策组织中去，其结果有二：一是这些知识创造者将之运用于非生产性领域，例如娱乐；二是导致长期的国家衰落。古代中国因为人口无法有效退出，人口流出国外难度很大，因此很多技术知识被使用到了非生产性领域。假设可以有效退出，例如欧洲或者现代的发展中国家，那么居于强势知识的精英将会设法流动，寻找最能发挥其知识的国家或地区或组织。国家指的是古代欧洲国家间的人口流动以及现代发展中国家人口流动到发达国家，地区指的是一国内部从A区域流动到B区域，组织指的是从甲政党流动到乙政党、从甲公司流动到乙公司，等等。

二 创新集群中知识、组织与制度的共生演化：典型案例分析

一般地，创新集群的出现和发展是不可复制的，是与当地的制度环境

和文化氛围等因素适配的。创新集群的发育之初或之前存在一些看似具有偶发性的小事件，但是这原初的一个个小事件与其后发生的一个个小事件相互叠加、加强之后或许创新集群就出现了。之所以只能说"或许"出现而不是"一定"出现，是因为：(1) 难以判断这些小事件链条上哪个小事件发挥了其应有功能、哪个小事件没有发挥其应有功能；也不能确定在一系列小事件之后能否发生其他的小事件；即便是在其他区域（彼地）这一系列小事件都发生了、创新集群也成功发展了，但是换个区域（此地）这一系列小事件都发生了之后也未必得到创新集群发展；即便两个原本致力于发展创新集群的区域具备同样的国际环境和国内环境条件，但是如果创新集群的主要组织者不同诸如学历结构[1]、认知结构[2]、社会结构[3]、人格魅力[4]、企业家能力不同，那么创新集群的培育和发展情况或许会大不相同；(2) 本质上，演化本身也并不能够保证一定会出现最优的结果或通俗说好的结果。创新集群虽然不可复制，但是对于美国硅谷、法国索菲亚ICT、德国化学工业等典型创新集群的研究却可以为后发国家培育和发展创新集群提供镜鉴。

创新集群的知识、组织和制度共生演化机制可以概括为：文化遗产、社会理念、社会知识致使权威力量在国家或者政府层面出台增加知识生产的诸多政策和制度；随之大学、研究机构在区域出现并逐渐增多，在企业家能力的整合作用下引致了微观层面组织模式和组织内部治理制度的创新，组织创新整合和协调了知识员工的合作行为，制度创新激发了知识员工的主动性和主人翁精神；区域内或产业内企业的竞争性和多样性又加剧了这种创新力度和速度；而这些微观创新又将反哺大学和研究机构等知识生产机构即与劳动力市场的相互促进，以及借助于各种专业协会的游说引起宏观层面制度和政策的调适和反馈（参见图7-4）。

---

[1] 例如出国留学的目的国是否不同、是否具有留学经历、接受高等教育所在的大学有何不同，等等。
[2] 例如在思想上主要受到何种思想流派的深刻影响、在现实学习和工作中受到何种人物的影响，等等。
[3] 例如在事业发展中结识到何种人物、是否改变了发展轨迹、家庭主要关系中对其发展影响，等等。
[4] 例如在现实工作中很多情形下是根据参与者的个人魅力来决定业务是否达成的，即"换个人谈不拢"、"换个人我们不要"、"换个人没法合作"，又或者由于组织者让员工或合作方感受到的公平感不同而出现齐心协力或离心离德的局面，等等。

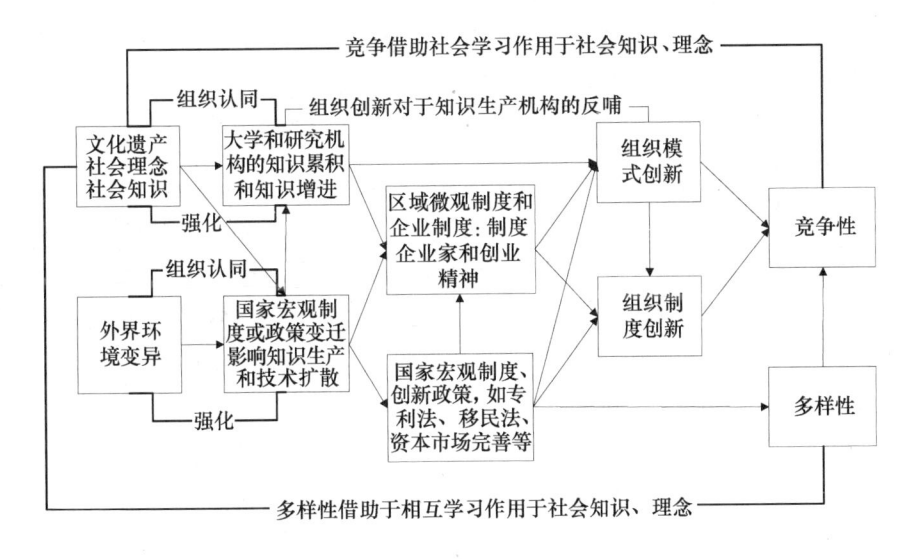

图7-4 创新集群的知识、组织和制度共生演化机制

（一）硅谷创新集群知识、组织与制度共生演化机制

美国硅谷是典型的、公认的创新集群，国内外的研究也是经久不衰，诸如萨克森宁对于硅谷和128公路的对比研究，李钟文、威廉·米勒等对于硅谷优势的研究，青木昌彦对于硅谷模式产品开发方面的制度创新的研究，张景安、亨利·罗文等对于硅谷发展比较全面的考察与分析。这里基于演化视角结合硅谷发展历程分析知识、制度和组织之间的共生关系（参见图7-5）。

"硅谷是谁都没有预见过的一系列条件结合的产物，而非政府命令的结果"，硅谷人并没有预先设定一个模式，而是他们在数十年里自觉不自觉的许多行为的交叉累积[①]。

硅谷发育的第一个重要的小事件是1885年创建、现今举世闻名的斯坦福大学，被誉为硅谷起步的发动机，是提供硅谷知识累积、知识增量和技术人力资源的重要组织。硅谷发育的第二个重要的小事件是20世纪30年代之后日本的扩张。日本经历明治维新之后的极速扩张致使美国联邦政府意图增强在太平洋地区的军事实力，因此在30年代硅谷区域出现了隶

---

① 张景安、[美]亨利·罗文等：《创业精神与创新集群——硅谷的启示》，复旦大学出版社2002年版，第89页。

属于太平洋舰队的空军基地和美国第二个航空航天基地阿莫斯研究中心，这些机构发挥了技术扩散和人才集聚的功能。第二次世界大战的爆发再次使得硅谷的科技力量开始聚合。硅谷发育的第三个重要的小事件是制度企业家的出现。制度企业家是从事组织设计和制度变革的专家们；制度企业家不仅是优秀的企业家，又是出色的政治家；不仅是思想家，而且是实干家，是最善于把思想转变成实际行动、把理论付诸实践的人[1]。被称为硅谷之父的弗雷德·特曼，不仅引致具有技术能力和创新精神的学生走向创业之路[2]，更难能可贵的是发起成立了世界上第一个科技园区，这是增强大学和高科技企业联系的重要制度创新。

国民富裕之后的剩余资金和高科技产业的发展衍生出了风险投资产业，意即正是不确定性很强的技术知识累积及其产业化引致了风险投资产业这样的组织创新；高度流动的人力资本和高度竞争的高科技环境衍生出了股票期权计划制度安排，意即知识尤其是高端技术知识依赖于人的主体性这一内在特性引致了股票期权的制度创新；当然这些组织创新和制度创新又加速了有用知识的累积和增殖。

美国联邦政府层面的宏观制度主要体现在政府作为"顾客"的政府购买项目、国防部的研发和订购政策、针对小企业的创新政策如小企业管理局的小企业贷款担保计划和小企业投资公司计划、公司法、移民法等。

竞争作为一种重要的制度元素也体现在硅谷实践和美国法律中。萨克森宁基于硅谷和128公路的对比指出是工业组织方式决定了硅谷和128公路的绩效差异，前者以相互融合和开放的网络系统为特征，后者以一体化、内部化的少数大公司主导为特征。资深风险投资人士Andy Verhalen认为硅谷的竞争非常激烈、员工流动非常频繁；硅谷是一个巨大的人才库，包括管理人才库也特别大[3]。亨利·罗文认为美国一直以市场竞争的办法为创新配置资源[4]，这一点在迈克尔·波特（1990）的《国家竞争优势》中也可以得到印证，波特强调在国内或区域存在强有力的竞争对于

---

[1] 张曙光：《前言：直面现实，深度挖掘》，载张曙光主编：《中国制度变迁的案例研究》，中国财政经济出版社2005年版，第10—11页。

[2] 例如惠普公司的成立和发展壮大都能够体现出特曼的贡献。

[3] 张景安、亨利·罗文等：《创业精神与创新集群——硅谷的启示》，复旦大学出版社2002年版，第178页。

[4] 同上书，第259页。

集群竞争力的培育和发展是至关重要的。

多样性作为一种重要的制度元素明显体现在硅谷实践和美国法律中。移民法对于硅谷的影响是硅谷变成了新移民之谷，"一座十几万人的小城市可以容纳十几种信仰，在 1500 间中学里你能听到 52 种语言"[1]。资深风险投资人士 Andy Verhalen 认为或许硅谷和 128 公路最大的不同是对于世界各地移民的吸引力；他说"我觉得至少 2/3 以上我们所投资公司的创始人都是移民，这其中大概有 1/3 是印度人，1/3 是中国台湾或大陆人，最后的 1/3 可能才是欧洲人，所以说移民在这里的比例非常之高"[2]。

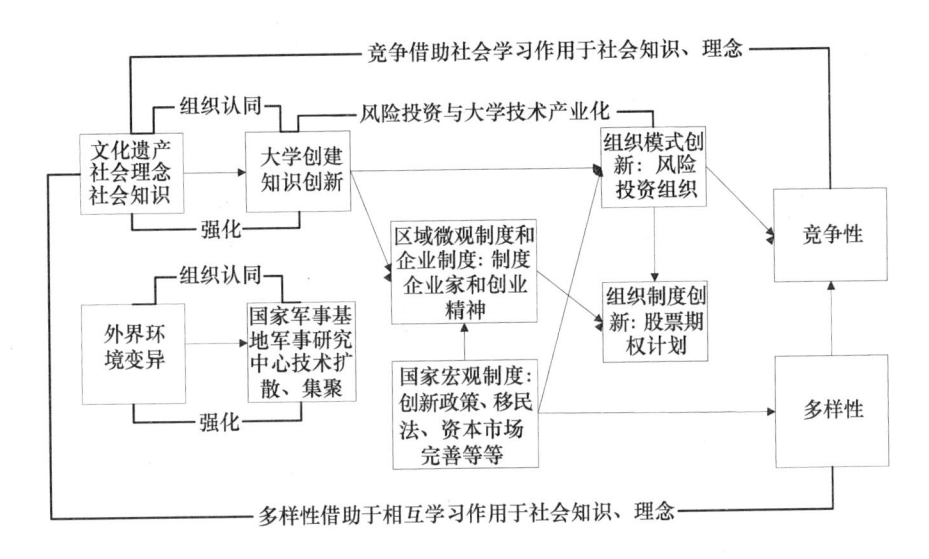

图 7-5 硅谷创新集群的知识、组织和制度共生演化作用机制

（二）法国索菲亚 ICT 创新集群的知识、组织与制度共生演化机制

由于第三章已将法国索菲亚 ICT 创新集群作为案例材料加以研究，这里概略地给出其知识、组织和制度共生演化机制（参见图 7-6）。

原本只有阳光和大海的索菲亚·安提波利斯在 1960 年迎来了跨国企业 IBM、德州仪器入驻。在 1969 年拉菲特倡议建立科学城，这是企业家

---

[1] 张景安、亨利·罗文等：《创业精神与创新集群——硅谷的启示》，复旦大学出版社 2002 年版，第 90 页。

[2] 同上书，第 179 页。

才能的体现。中央与地方分权改革致使很多知识组织迁入索菲亚·安提波利斯；作为知识组织的尼斯大学的一些博士项目也迁入此地。在这些机构的基础上成立了电信谷协会，这个协会组建了知识管理平台，用以制定电信标准、培育共同语言等。

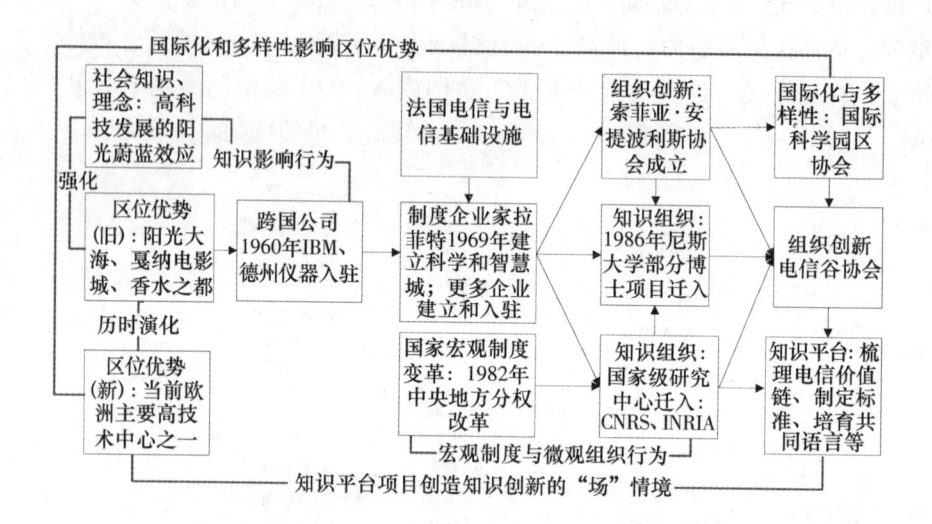

图 7-6　法国索菲亚 ICT 创新集群的知识、组织和制度共生演化作用机制

（三）德国合成染料创新集群的知识、组织与制度共生演化机制

德国合成染料化学工业创新集群作为极具典型意义的案例，进入了国内外学者的研究视野并给出了极具启发意义的研究成果，代表作品有纳尔逊（2001，2002）、弗里曼和苏特（Chris Freeman and Luc Soete，1997）、兰德斯（1998）以及刘立（2008）。作为一本科学史著作，刘立（2008）已经详细叙述了德国合成染料化学工业的发展历程①，这里不再赘述；依据其翔实丰富的素材抽象出本书所致力于研究的知识、组织和制度共生演化的主题。

弗里曼和苏特（1997）②指出新型工艺首先出现在染料工业，德国19

---

① 笔者在阅读纳尔逊（2001，2002）之后深受启发，顿觉德国化工创新集群的研究价值；搜寻后发现了国内学者刘立的《德国化学产业的兴起》一书，该书专门研究德国化工产业的兴起，具有史料价值和学术价值。

② ［英］克里斯·弗里曼、罗克·苏特：《工业创新经济学》，北京大学出版社 2004 年版，第 111—115 页。

世纪 70 年代已经建立了新兴企业内部科研开发体制，以有利于引进新产品和加工工艺。世界上最早建立专业研究开发实验室的企业有拜耳、赫斯特和巴斯夫；德国化学企业家不仅注重企业内部研发而且密切关注大学研究的进展，同时这些化学家还成立了德国化学家协会和德国工程师协会；还指出了最初德国三个主要化学工业企业之间的竞争非常激烈，后来他们之间通过了利益组合协定；还存在一个制度元素就是巴斯夫公司帮助政府制定 1887 年新专利法限制价格竞争。至于化学工业的成功，弗里曼和苏特（1997）指出 1880 年德国染料产量占全球产量的 1/3，1900 年大概占 4/5，拥有 15000 种有专利的染料；至于德国化学工业的领先程度，兰德斯（1998）强调德国现代化学领域到第一次世界大战时期把世界其余国家都远远抛到了后面，距离拉开得如此之远，以至于第一次世界大战后战胜国对德国工业专利权实行了没收，也没有立即给德国的国外竞争者带来好处；尽管美国最大的公司拥有最优秀的美国化学工程师，但是仍然不知道如何对待这些化学专利权或者如何使他们运转起来，只好在 20 世纪 20 年代聘用了一批德国化学家[1]。

纳尔逊（2001，2002）[2] 明确地使用了技术与制度共生演化的命题研究了德国染料工业。他把惯例这个概念一分为二：前者称为物质技术，与分工有关的诀窍；后者称为社会技术，即一种分工加上一种协调模式，制度在他视野中就是社会技术。他指出在德国染料工业中存在着关键的新惯例：（1）物质技术，以大学培养的化学家作为投入；（2）社会技术，现代工业实验室的发明；（3）社会技术，培养年轻化学家的培养体系；（4）存在新市场，一个是对于化学家有需求的劳动力市场，一个是对于染料有需求的产品市场，联系这两个市场的当然是染料工业的企业。同时纳尔逊（2001，2002）强调了在染料工业案例中具有制度化意义的组织发挥着极为重要的作用：（1）以有无新型研究开发实验室为依据将化学工业企业分为老式企业和新式企业；（2）国家化学工业联合会，游说政府支持对大学的培训；（3）涉及国家政治过程的机构，纳尔逊指出这些

---

[1] ［美］戴维·兰德斯：《国富国穷》，新华出版社 2007 年版，第 310—313 页。
[2] ［美］理查德·纳尔逊：《作为经济增长驱动力的技术与制度的协同演化》，载约翰·福斯特、斯坦利·梅特卡夫主编：《演化经济学前沿：竞争、自组织与创新政策》，高等教育出版社 2005 年版，第 19—29 页。Nelson R. R., Nelson K. Technology, institutions, and innovation systems. *Research Policy*, 2002, 31: 265 – 272.

机构被隐含处理而没有明确的研究。

实际上,德国合成染料工业在高等教育、工业实验室、技术创新、垄断组织、专利制度各个方面都可圈可点,都是德国合成染料产业成功的原因①。刘立指出19世纪80年代德国合成染料企业改为公众公司,吸引了大量社会资金和银行资金;由于股息的分派使得投资者和企业之间走向了良性循环之旅②。企业内部的激励制度也是相当重要的,例如化学家杜斯堡加入拜耳公司之后,由于连续发明新型染料,公司在续聘合同上规定杜斯堡可以从他的发明中提取净收入的2.5%作为奖励,由此鼓励杜斯堡得到第一笔奖励后购买了公司的股票,公司又给予了优惠,这样杜斯堡产生了主人翁感觉,感觉自己不仅是合伙者还是所有者,那么行为自然发生了变化,杜斯堡提议加强公司的工业研究从而让化学家们全日制从事新产品的研究开发③。换言之,这就是上文所说制度公平感导致了参与者的主动性和能动性的变化,态度和动机的变化自然影响到行为的变化。另外,专利制度对于德国合成染料工业的兴起也起到关键作用。在19世纪60年代,德国专利制度十分混乱,和没有专利制度相差无几。这样,德国合成染料企业可以肆意模仿其他国家和他人的新技术和新发明,因此取得了迅速发展。英法两国的专利制度则给它们的合成染料工业造成了严重打击。但是到了1887年德国实施了统一的专利法,因为此时德国合成染料工业已经进入自主创新阶段④。

这一点对于后发国家发展创新集群甚至高科技产业具有启示意义:即在什么时候严格保护知识产权、在何时不能严格保护知识产权、如何利用其他国家的知识产权漏洞保护本国产业。当然现今世界的制度条件已经和19世纪60年代德国合成染料工业所面临的制度条件大不相同,全球化背景下发达国家对于知识产权的保护十分严格。在知识产权保护松弛条件下19世纪随着经济发展和社会进步,欧洲后发国家以及美国可以逐步追赶上或者超过原先的强国,英国超过荷兰和西班牙,美国和德国超过英国,换句话说存在人均收入趋同现象。在知识产权保护严厉条件下,即使全球化如火如荼,富国和穷国之间存在着越来越大的贫富差距。发达国家曾经

---

① 刘立:《德国化学工业的兴起》,山西教育出版社2008年版,第63页。
② 同上。
③ 同上书,第105页。
④ 同上书,第63页。

在追赶和发展之时使用和实践的行之有效的方法，却又禁止发展中国家和贫穷国家使用；张夏准形象地称之为"踢掉梯子"①，意即自己已经富裕起来了，自己当年实践的方法不能允许其他国家再使用。第二次世界大战之后东亚国家和地区如日本、韩国和中国台湾地区的迅速崛起，其中一个很重要的原因是欧美国家为了对付共产主义国家而没有给予它们三个在技术引进方面的严格限制，否则难以想象索尼将美国自己还没有产业化的技术做成了产品；对比欧美国家第二次世界大战后对于中国内地的严密封锁，时至今日依然是禁止出口很多高科技产品。因此，考虑到第二次世界大战之后20年日本、韩国和中国台湾三个国家和地区的飞速发展，自然而然会出现与新中国成立之后20年的经济发展速度相比较的想法，应该说这种对比是经常可见的，但是实际上这种对比在学术上是不严谨的，因为对比的两方所面临的制度条件是迥然不同的。还有一种做法：试图对比第二次世界大战后韩国与新中国建立后的各自汽车产业发展状况从而得出中国当时发展汽车产业不符合比较优势理论的结论；这种做法也不妥当，在当时的国际环境下如果不自己生产卡车，向谁进口、依靠进口如何满足需求。

兰德斯（1998）② 在德国合成染料工业的分析中提出一个重要问题：为何化工产业发生了历史上一个最重大、最迅速的工业转变（英国向德国转移）；为什么会发生这种明显违背比较优势和相应条件规律的现象？由于英国化学家铂金的贡献英国染料工业领先于其他国家，英国具有领先的一切条件：（1）拥有一个巨大的、基础良好的重化学工业；（2）拥有碳基制造业的一切成分，任何国家也不能生产比它更多的原料煤焦油，任何地方也没有它的煤焦油价格优势；（3）拥有纺织品染料的全世界最大的市场。但是在一代人的时间染料工业离开了英国，在德国甚至较小程度上在法国和瑞士发展起来了。兰德斯（1998）给出的答案是英国没有那么多、那么训练有素的致力于发明创造的化学家；当霍夫曼、卡罗和他们的德国同事被具有诱惑力的优越条件吸引回国时，英国的有机化学工业就萎缩下去了。纳尔逊（2001，2002）也反复强调德国化工产业高端劳动力市场的重要意义。当然，高素质人力资本的培训体系是至关重要的，但

---

① ［英］张夏准（Ha-Joon Chang）：《富国陷阱——发达国家为何踢开梯子？》，社会科学文献出版社2007年版。

② ［美］戴维·兰德斯：《国富国穷》，新华出版社2007年版，第310—313页。

是对于一个产业的衰落还有其他因素；耗费很大代价吸引高素质人力资本之后或者具有了高素质人力资本这个要素之后还需要相应制度安排，德国合成染料工业的领军企业都是基于第一流化学家和化学工程师而建立，配备设备良好的实验室大楼而且与高等学校具有密切的联系。

还有一个重要的要素被忽略或者被强调得不够：社会知识的储备。为什么德国具有如此重要的高素质人力资本培训体系？为什么德国化学家会响应祖国的召唤？这就必须联系国家主义学派之经济学说。"国家主义的学说之兴起于德国，良非无因"：（1）"盖自十九世纪以来，极端的个人主义与自由政策，不仅在理论上暴露了弱点，即对于实际问题如恐慌、失业、贫穷、货币等之解决，亦发生困难"①；（2）"又因在国际上每一国家之地位均不相等，故国家主义备受欢迎，尤其是工业落伍的国家，更应努力于经济之发达，与军事之强盛"②；（3）"19世纪之德国在经济文化上为落伍之国家，殊不堪先进诸邦之压迫与侵略，保护政策之采取，尤为急务"③；（4）"又况德意志联邦各自为政，关税之纷乱，商业之凋敝，若不实施国家主义的经济政策，殊不足以唤醒民族思想而收中央统一之功效，于以奠立经济繁荣之基础"④。

而保护主义的国家主义学派以弗里德里希·李斯特（F. List）为代表，《政治经济学的国家体系》（*National System of Political Economy*）是其代表作。李斯特声称，"他这本书的历史乃是德国自一八零零年至一八四零年的历史，……正因在十九世纪德国的政见，咸努力于国家统一之实现。李氏之著作，乃时代环境之产物也"⑤。同时，美国的发展经历和保护主义思想也深刻影响了李斯特，"久居美国，其经济观点即大受美国生活之影响。氏于汉密尔顿及雷蒙特之著作中得到许多新颖的理论，……氏谓'只有在美国我才能明白一国经济之逐渐发达'"⑥。李斯特思想中与知识治理相关的主要内容是：（1）他认为美国的古典派忽略了国家精神或国魂之差异；（2）生产力学说，主张产生财富的能力与财富本身不同，

---

① 赵迺抟：《欧美经济学史》，东方出版社2007年版，第341页。
② 同上。
③ 同上书，第289页。
④ 同上。
⑤ 同上书，第348页。
⑥ 同上书，第346页。

前者远比后者重要，类似于中国成语"授人以鱼不如授人以渔"中"渔"与"鱼"的区别；主张一国最大部分的消费皆用于教育将来之青年以及国家生产能力之增进与培植；(3) 重视一国之精神资本 (mental capital)，一切发明、创见、进步与努力之累积的结晶，包括道德、宗教、自由、政治、知识、文明等。

另外，德国的文化遗产和祖宗垂范也对诸多的德国产业发展提供了基础条件。文化遗产和祖宗垂范类似于文化基因或者说类似于纳尔逊的惯例。首先是德国皇帝对教育和财政的高度重视。祖宗垂范表现在著名科学家莱布尼茨柏林科学院的建立以及创办于1694年"最早提倡实科教育和教学自由"的哈勒大学。在哈勒大学被割让之后，为了弥补损失威廉·洪堡发起创建了柏林大学①。

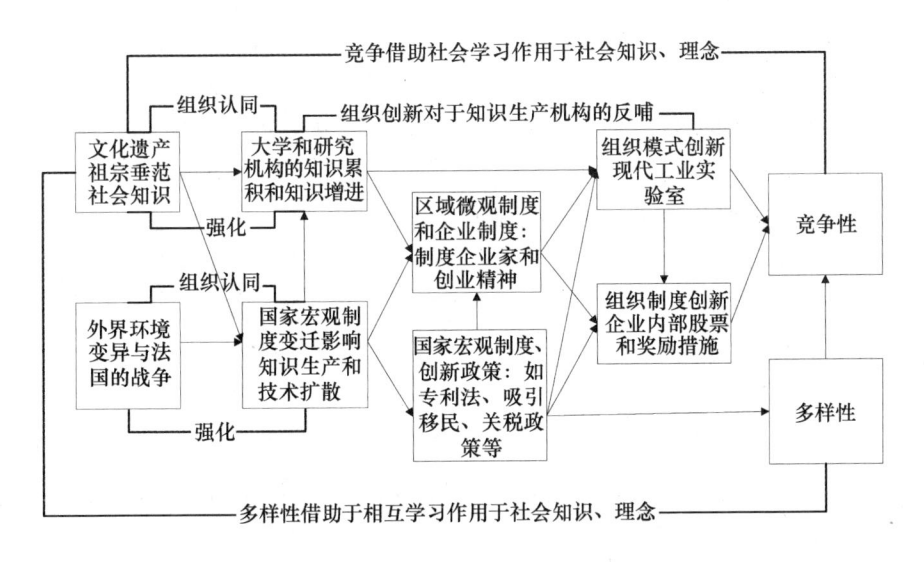

图7-7 德国合成染料创新集群的知识、组织和制度共生演化机制

简言之，德国合成染料创新集群的知识、组织和制度共生演化机制可以概括为：德国文化遗产、祖宗垂范、社会知识致使德国皇帝在国家或者政府层面出台增加知识生产的诸多政策和制度；随之大学、专科学校和企业家的共同作用下引致了微观层面组织模式（现代工业实验室）和组织

---

① 刘立：《德国化学工业的兴起》，山西教育出版社2008年版，第65页。

内部治理制度（公司内部股票和奖励措施）的创新，现代工业实验室的出现整合和协调了一流化学家的合作行为，公司内部股票和奖励措施激发了一流化学家的主动性和主人翁精神。三家主要合成染料企业的竞争性和多样性又加剧了这种创新力度和速度，而这些微观创新又将反哺大学和专科学校知识生产机构即与劳动力市场的相互促进，以及借助于各种专业协会的游说引起宏观层面制度和政策的调适和反馈（参见图7-7）。

第四节 本章小结

本章首先试图在一般意义上厘清制度和组织的关系，利用大量有关的创新文献加以论证，指出制度与组织的关系远比博弈规则和运动员这个类比丰富多彩。接下来讨论了制度作为自变量的知识生产函数的初步改进，并给出了制度质量的操作化度量指标。然后在讨论知识演化与制度演化的基础上给出了创新集群中知识、组织和制度共生演化的一般模型；最后利用美国硅谷、法国索菲亚ICT创新集群、德国合成染料创新集群的案例讨论和发展了这个模型。

正是由于创新集群中知识、组织和制度的共生演化从而生成一个约翰·霍兰德所说的复杂适应系统。在此系统中虽然有些组织或者技术是有意设计的，但是这些行动的后果并不一定与原先预见的一致，即不一定是原本预见的结果。由此所获得的启示如下：（1）在培育创新集群过程中政府最好只是设计大致方向，减少微观干预，增加知识多样性和异质性，这一点在第8章还要论述；（2）在培育创新集群过程中不能仅仅侧重技术创新，而忽略了组织创新、管理创新和制度创新，需要谨记存在什么样的制度就会生成什么样的知识[1]。

---

[1] 德鲁克对此有精彩论述：我们是不是把作为本世纪变革推动者的科学技术的作用过于强调了？社会创新很少是由于科学技术产生的，但是它们却对经济和社会有着更为深刻的影响，实际上即使对科学技术本身也有着深刻的影响。参见［美］彼得·德鲁克《管理新潮》，中国对外翻译出版社1988年版。

第八章　创新集群知识治理的
　　　　公共政策框架

本章致力于回答既然创新集群不可复制、那么制度如何学习的问题。基于创新集群中知识、组织和制度的共生演化关系,基于高新区二次创业、产业集群升级和转变增长方式的国情,如何提炼出一个涉及知识治理的公共政策框架;因为无论是科学知识的生产还是技术工艺知识的生成都属于知识治理范畴;所以在国家宏观政策层面上如何构建有利于创新集群发展的知识生产之制度结构就是必须研究和回答的问题。[1]

针对后发国家而言,创新集群乃至创新系统的发展过程中都存在高强度的知识、技能以及制度的学习问题。Gonda 和 Kakizaki 也认为集群政策的关键含义在于为集群的知识转移强化价值链机制,为相关地理区域内新知识的产生与传播建立可运作的区域创新系统[2]。

第一节　政府与公共政策在创新集群知识治理中的角色配置

政府角色问题,无论在制度经济理论还是在公共管理学理论中都是极为重要的命题。而且在经济发展过程中国家越贫穷、越落后,对国家干预的需求就越强烈。在创新集群知识活动中,政府及其所构成的公共秩序扮演什么角色依然是一个重要问题。

---

[1] 本章内容受到钟书华科技举国体制思想的启发。参见钟书华《论科技举国体制》,《科学学研究》2009 年第 12 期。

[2] Gonda K., Kakizaki F. Knowledge transfer in agglomerations: a regional approach to Japanese manufacturing clusters. In: OECD. *Innovative clusters: drivers of national innovation systems*. Paris, 2001: 288–301.

一　基于价值取向和功能取向的科技政策分类矩阵

公共政策是对于社会问题、社会需求和社会发展的回应和映射。从价值取向上可以将科技政策（其他公共政策也是一样）划分为指涉效率的科技政策和指涉公平的科技政策；从功能角度可以将科技政策划分为指涉生产的科技政策和指涉分配的科技政策。如果试图将两种视角下的科技政策整合在一个分析框架下，就可以得到一个科技政策分类模式矩阵（参见表8-1）。

表8-1　基于价值取向和功能取向的科技政策分类矩阵

价值＼功能	生产	分配
效率	A	D
公平	B	C

根据表8-1的科技政策分类模式矩阵，可以将科技政策划分为生产—效率类科技政策（A）、生产—公平类科技政策（B）、分配—公平类科技政策（C）、分配—效率类科技政策（D）。

生产—效率类科技政策（A）是最为常见的科技政策，尤其是技术政策，注重生产功能和效率指向，注重技术转化、技术产业化以及高技术产业的规模经济和范围经济。国防技术政策也是这一类政策中的典型，当年新中国面临核武器威胁时，所面临的科学技术任务就是在中国把原子弹制造出来，而不论是在上海、天津还是在甘肃，这是国家战略目标。当国家战略目标转化为科技政策时，一定会指向生产和效率的政策组合，它不会顾及地区发展的不平衡，它也不会顾忌会对其他民生科技产生挤出效应，因为它是国家战略目标、因为它具有比公平更高的价值指向即生存和发展空间，在国防战场上表现为武器装备、在经济战场上表现为不受控制和挟制的自主技术能力。第二次世界大战时期美国的雷达项目即是如此，顶尖科学家整合美国最强大的与雷达有关的物理学家和工程师成立了MIT辐射实验室。同理，我国大飞机项目的落户问题，也属于这一类属的科技政策。原则是哪里最具有大飞机的研究和制造能力就落户在哪里，同等条件下再考察其他因素例如历史文化等；因为在中国还不能自主生产大飞机时，无论落户在中国哪个省都是中国的大飞机，当然需要选择最有效率的落户地。

生产—公平类科技政策（B）。主要指向之一是基础研究，从长期目标还是为生产活动服务,但是基础研究的内在不确定性很强即能够转化为经济产品的不确定性非常强,甚至多年没有研究突破。这样的情形不适合由一家或几家"垄断生产",因为既然不知道种子在哪能够发芽,就需要将种子洒向各地,只有多样性的基础研究才符合公平的价值取向。主要指向之一是区域科技发展目标,为了区域发展的平衡考量,将科技资源投向政策目标从而引导和带动区域内的经济发展和技术创新;这种政策指向不能与国家战略目标相悖、只能与国家战略目标相兼容。

分配—公平类科技政策(C)和分配—效率类科技政策(D)。这里将与"生产"相对的"分配"界定为面向民众健康、保健的医疗卫生、面向大众的科学技术普及、面向历史文化的科技考古、面向弥补科技鸿沟和信息鸿沟的科技下乡、面向科研工作者的科技管理体制和科技评价体制等诸如此类的科技活动。在这些例子中指涉分配—效率类科技政策(D)的有面向民众健康、保健的医疗卫生、面向大众的科学技术普及、面向历史文化的科技考古;指涉分配—公平类科技政策(C)的有面向弥补科技鸿沟和信息鸿沟的科技下乡、面向科研工作者的科技管理体制和科技评价体制。对于科技管理体制和科技评价体制而言,其本身的公平性价值取向高于效率指向,因为体制的功能在于激发科研从业人员的主动性和积极性,从而间接指向生产和效率;当然科技管理体制本身的效率另当别论。反垄断政策也应该隶属于分配—公平类科技政策(C)。

应当指出,以上基于价值取向和功能取向的科技政策分类只是为了研究需要而抽象出来的,实践中或许存在交集。

二 知识政策分类模式下政府在创新集群知识治理中的角色

将创新集群的主要知识活动划分为知识生产和知识共享(分享)两种,将创新集群的主要知识活动的价值取向分为效率和公平两种。参考上文表8-1,可以构建出表8-2。

表8-2　　基于价值取向和功能取向的知识政策分类矩阵

价值＼功能	知识生产	知识共享
效率	A	D
公平	B	C

根据表8-2的知识政策分类矩阵，可以将涉及创新集群的知识政策划分为知识生产—效率类知识政策（A）、知识生产—公平类知识政策（B）、知识共享—效率类知识政策（D）、知识共享—公平类知识政策（C）。

知识生产—效率类知识政策（A）主要指向涉及创新集群的技术政策和研究发展政策；这里的知识生产不仅包括科学知识的生产，还包含默会的和形式的技术知识，诸如工艺技术、技术诀窍等。针对此类政策，政府尤其是地方政府恰当的角色是扮演推动者而不是直接扮演演员。因为企业尤其是具备企业家能力的企业才是经济上可用知识的最终整合者。当然如果缺乏企业或者现存企业缺乏企业家能力，政府需要推动创办企业甚至直接创办企业从而有效从事知识生产和知识整合。

知识生产—公平类知识政策（B）主要指向涉及创新集群的知识产权政策和技术入股政策等。政策目标是通过体现个体性创造劳动的知识产权政策和技术股份政策鼓励知识生产。

知识共享—效率类知识政策（D）和知识共享—公平类知识政策（C），两者之间有一定交集，知识平台项目和共用技术平台政策是两者的体现。知识平台政策通过一定的组织形式实现知识共享从而保证知识的利用效率，不至于创造出来的新知识（经济上有用的知识）束之高阁；同时，在分享协议中也需要协调参与者各方的权益，保证共享活动的公平取向。当然这种公平是经过参与各方共同认同的，有可能其中一个参与者认为某一次的共享活动对其是不利的，但是为了未来的合作收益它仍然会选择参与知识共享平台；即在长期交易中获得一定的收益补偿。

但是值得注意的是，政府角色并非一成不变的，随着社会建设和经济建设的渐次发展，政府角色也是历经变迁。

（1）在百废待兴的阶段形态，政府适宜扮演全能者角色，尤其是在公民社会不发达甚至不存在的社会形态；为了国家生存和发展，社会需要政府扮演什么角色那么政府就必须扮演什么角色，生存胜于一切，等待自然演化出一切无疑是束手待毙；众所周知，市场是有效的知识整合机制和价格调节机制，但是在此阶段，市场往往远离完善甚至需要建设一个个的市场，建设市场又需要构建一个个的组织，没有组织就需要创建组织，缺少企业就需要培育企业、鼓励创业，甚至为了培养企业家队伍，政府需要直接出面创建一系列企业即所谓国有企业，在这一系列企业中培育市场所需要的各种人才，这些国有企业就承担着人力资源的蓄水池功能。

（2）当政治稳定、经济建设和社会建设走向正轨之后，或者说经济发展经历了一定的临界点之后，政府的全能者角色就需要转换了，政府的职能就需要定位于最基本的公共产品供给，而不是继续充当第一线的操盘手。针对创新集群而言，在此阶段即市场和组织已经发育到一定程度时，政府需要考虑的是增加新企业和新兴产业的培育，增进已经存在的知识生产机构和知识利用机构之间的连接，增加科学知识（借助于大学）和技术知识（借助于职业技术学院）的供给。

（3）政府退出阶段，或者交还给社会阶段。当创新集群或者众多的高新技术产业蓬勃发展之时，也是政府退出之时。原因有两个：从政治学意义上分析，政府是民众的代理人，民众是委托人；政府退出后将其所拥有产业交还给社会（或者成立一定的机构如社保机构管理社会资产）符合委托代理关系；从风险承担意义上分析，政府必须承担民众个体或者组织个体无法独立承担的风险和责任，例如国防领域和一些新兴产业。众多新兴领域由于存在巨大的技术不确定风险，私人企业往往不愿或者不能承担这些风险。但是当新兴产业发展到一定程度，当私人机构具有承担风险的能力和从事这些领域的知识和能力时，政府需要渐次退出这些领域。

在这个阶段，政府除了基本职能外主要扮演两个方面的角色：政府退出之后依然需要保护较为幼稚的新兴产业，可以采用公平—分配类的反垄断政策阻止恶意收购或者跨国企业集团的收购。更重要的是，利用退出之后的大量社会资金政府寻找未来的创新机会，例如政府资助的企业成功上市之后需要考虑将股份出售给社会，然后将出售股份所获得的巨量资金投入下一个或者另一些新兴领域；因为政府的首先目标应该是国家强大和区域发展而不是政府手中握有大量企业股份！[①] 现在政府角色错置的一个根本问题就是占据着大量赢利机会却并非是创新机会的领域，换言之，进入赢利机会之后不再退出，反而是大量弱小的私营企业一再地冲击新兴领域。当然，这里并没有假定政府寻找未来的创新机会一定能够成功，而问

[①] 应当承认，政府角色和统治者的目标高度相关，但是无论是中国封建王朝还是苏联，有抱负的统治者都是期望所治理的国家是强盛的。

题在于面对技术不确定的风险，政府需要从事这样的项目，即使整体上的项目不成功但是也会产生可观的知识溢出效应，也会培养大量的新兴产业的研发人员和管理人员以及企业家，或许这一整体上不成功的项目中脱离的技术人员就成功创建了自己的事业。华为和中兴都从巨龙的万门数字程控机设计中获得了明显的知识溢出效应，而巨龙又是军转民项目组成的国有企业，关于华为从武汉邮科院挖人的事例在华为成长初期也是屡见不鲜。

第二节 战略需求决定了"集中力量办大事"的知识生产制度

后发国家的战略需求和追赶性质决定了必须有所侧重地发展创新集群，反映在知识政策上，发展创新集群需要采用"集中力量办大事"的知识生成制度安排。

一 "集中力量办大事"：辨析与解读

"集中力量办大事"是中国特色的语汇，非常形象、耳熟能详、朗朗上口，然而对于它的误解和污染也很严重。

（1）"集中力量办大事"与意识形态无关。不能只要提到"集中力量办大事"的字样就认为和社会主义有关，就以为资本主义国家没有"集中力量办大事"。美国有研究制造核武器的"曼哈顿计划"，这个计划集中了爱因斯坦、奥本海默等顶尖物理学家，动员了10万人参与这一宏大计划，历经3年，耗资20亿美元；美国还有研究制造雷达的MIT辐射实验室，当时美国的一流物理学家有一半为这个宏大计划效力，历时5年；欧洲有空中客车计划，是对欧洲飞机研究和制造能力的一个巨大整合。这些计划所涉及的力量不可谓不"集中"，所办的事无一例外是"大事"，甚至可以用"巨大"形容，但是都是发生在欧美的所谓资本主义国家。东亚国家日本和韩国的例子不再列举。对比今天的三峡大坝，中国古代拥有万里长城、都江堰、京杭大运河，那埃及还有一座一座的金字塔。因此，"集中力量办大事"既不是社会主义所独有，也不是苏联所独有，更不是中国所独有，也不是中国现今所独有，也不是新中国刚刚建立时期所特有。它与时代无关，与时代所面临的任务有关；与国家的意识形态无关，与国家所面临的任务有关。古今中外一切国家都可能拥有它，尤其是后发追赶国家最可能使用它，它只是一种组织模式和治理模式。

（2）把本来不应该归于"集中力量办大事"的功劳归结于它。例如讨论中国高速公路的发展取得了如此迅速的成就时，常常提到德国、法国、日本以及印度修建高速公路所耗费时间之长、环节之多、听证质询之复杂，然后就把我国高速公路的成就归结于"集中力量办大事"。尽管我国高速公路的发展离不开坚强领导和有力组织，但是其他影响因素也非常重要，例如我国土地的国有和集体产权属性以及民众对于物权等财产权的意识薄弱，不能全部归功于"集中力量办大事"，它只是一种组织模式和治理模式。

（3）"集中力量办大事"的"力量"范围。认为"集中力量办大事"集中的"力量"只是政府控制的人、财、物；或认为"集中力量办大事"集中的"力量"只是有形力量，都是不全面的。美国当年西部大开发之时的铁路建设，采用修建铁路赠送沿线土地产权的制度创新，大大激励了私人公司投资铁路的热情，这是一种利用制度创新集中社会力量办大事的典型案例。必须指出，集中的"力量"不只是政府拥有的人、财、物，包括全社会的人、财、物；甚至是国际上的人、财、物，即统筹国内国际两种资源、综合利用国内国际两个市场。集中的"力量"也不是仅仅指有形力量，如通常认为的人、财、物；还包括甚至更重要的力量如组织创新、管理创新和制度创新中所爆发的力量，诸如财政政策、税收政策尤其是关税政策、R&D政策、政府采购政策、进口替代政策与出口导向政策等等。

（4）"谁"来"集中力量办大事"？通常认为"集中力量办大事"的主体就一定是政府。往往组织主体是政府不代表就一定、就永远是政府，在其他组织主体缺位或者无能为力时自然应该由政府当仁不让地承担"集中"的组织主体角色。但是也存在另外一种可能的情形：私人秩序通过制度安排有效"集中力量办大事"，第5章中电子商务集群即是通过技术规则利用网络集合了甚至来自世界各自的"力量"，微软与英特尔的结盟也是一种"集中力量办大事"，丰田汽车的供应链模式也是一种"集中力量办大事"，由领军企业组织的企业技术联盟也是一种"集中力量办大事"。谨记"集中力量办大事"只是一种组织模式和治理模式。

（5）"集中力量办大事"办哪些"大事"？通常认为的是铁路、高速公路等基础设施之外就是高科技领域，而且是最新型、最新颖的高科技，否则就落后于人了。当然集中力量投资于新兴产业本身不是错误，但是必须考虑到本国的产业结构升级；换言之，投资于与本国产业结构没有关联的新兴产业的同时，必须注重投资对于本国产业带动性强的领域，只有这样才能在更大程度上施展报酬递增效应；这也是走工业化与信息化相互融合之路的应有之义。例如，中国具有庞大的玩具生产制造能力，基于这种条件，集中力量发展动漫设计产业，从而促进动漫设计与玩具制造相互融合、生成一系列动漫玩具产业；也就是创意产业和制造产业相互融合，这种报酬递增效应远远大于单纯发展动漫设计产业，这方面中国已经有企业在探索，例如奥飞动漫，还需要在国家层面集中相关"力量"从而使得这一典型产业走向可持续发展之路。

二　"集中力量办大事"：存在原因与适用领域

（1）国家安全和生存的需要。在美国意识到纳粹国家的威胁之时启动了"曼哈顿计划"和仅次于它的 MIT 辐射实验室。当新中国强烈感受到国家安全尤其是核武器威胁之时，集中了包括钱学森、钱三强等在内的一大批一流科学家启动了著名的"两弹一星"计划。

（2）建立、保持和维护战略地位的需要。欧洲的空中客车计划就是为了保持和维护欧洲长远的战略地位设置的。日本的"第五代计算机"计划的出台就是为了日本在计算机和人工智能领域保持和维护战略地位。中国的"两弹一星"计划也存在类似的战略意图，建立强大的威慑能力从而建立和保持中国的战略地位。中国的重大科技专项的设置也是基于这种战略需要。

（3）对于后发追赶国家而言，培育和发展创新集群，如果依赖自然演化不仅耗费宝贵的战略时机，而且惊人的试错成本并非单个个体或单个组织所能承担。自然演化会遵循演化的一般规律，在历经一系列小事件之后，新兴产业能够产生是个疑问；即使知识、组织和制度等要素都完全具备，何时会自发演化出新兴产业和创新集群也是未知数。正因为如此，上海市和广东省都在询问：为什么上海和广东没有阿里巴巴？李斯特的一个比喻形象地说明了这个问题：风能够将种子从一个地方带到另一个地方，从而不毛之地逐渐演变成了森林，但是是否就应该等待数十年或数百年的风力将种子变成一片森林呢？这种等待可以算是一种聪明的政策吗？[①]

概言之，对于国家层面而言，适用"集中力量办大事"的领域是国家战略目标；对于区域层面而言，适用"集中力量办大事"的领域是区域发展战略目标；对于企业层面而言，适用"集中力量办大事"是为了建立和维护企业的战略地位。

第三节 多样性的适存性质决定了自由探索的知识生产制度

一 多样性是演化变迁的基本前提

多普菲指出多样性是演化经济学的一个主要理论范畴；多样性的自我创生是系统原动力的演化发动机；各种演化模型都是基于多样性这个概念为基础的；达尔文的理论也可以利用多样性解读，自然选择机制只有在存在着可供选择的多样性时，选择才是一种可能[②]。梅特卡夫指出多样性是演化变迁的前提，基于多样性可以将演化过程划分为三个阶段：多样性的历时补充和创生；多样性的减少，通过选择机制和路径依赖实现；减少了的多样性，即稳定结构[③]。这个过程是相互依赖的过程，选择机制将会消耗掉大量的多样性，借助于稳定结构实现规模经济和范围经济，但是如果没有新的多样性生成，演化过程就会衰减[④]。

二 多样性与竞争相互依赖

梅特卡夫指出竞争的有效性取决于行为的多样性[⑤]。按照哈耶克的思想，竞争是一个发现知识的过程，只有差异化的行为才能促进和增进知识的异质性。同时，竞争过程也有利于多样性的创生，因为激烈的竞争和对于创新租金的追求将引致企业发现新的知识以及实施差异化战略。多样性与竞争的过程同时又受到制度和信念的影响。在 Endler 和 Mclellan

---

[①] 赵洒抟：《欧美经济学史》，东方出版社2007年版，第349页。
[②] [瑞士] 库尔特·多普菲：《演化经济学：纲领与范围》，高等教育出版社2004年版，第27—38页。
[③] 同上书，第28页。
[④] 同上书，第139页。
[⑤] [英] 梅特卡夫：《演化经济学与创造性毁灭》，中国人民大学出版社2007年版，第138页。

(1988）区分的五种演化机制中可以清晰地理解这种影响过程：个体群的特征集中产生多样性的过程，该过程是通过增加或者减少竞争个体，或者改变现有个体的特征而实现这一目的；限制和引导行为中的可行的多样性模式的过程；改变个体群中的不同个体的相对频率的过程；决定上述三个过程控制变迁的速率的过程；决定演化变迁整个方向的过程[①]。

三 多样性有利于提高适存度

知识在本质上是个体性的、地方化的、场景化的和局部的，多样性的知识构成才符合知识的本质；因为掌握知识的主体只具有有限理性。针对创新集群而言，接近多样性的外部知识来源是重要的，构建内部的竞争多样性也是重要的，因为多样性有利于提高行为的适存度，有利于应对复杂多变的环境变迁，有助于防止路径依赖和锁定（包括关系锁定、技术路径锁定、知识结构锁定等）的弊端。正如斯科特指出正是多样性和复杂性使得森林具有抵御灾害的能力；森林多样性就像是一个保险政策，它更稳定、更能够抵御自然灾害；而简单化的人造森林是一个很脆弱的体系[②]。然而现存的主要管理和评价模式指向同质化，"大规模的资本主义同国家一样，也会是均值化、一致化、坐标化和大刀阔斧的简单化的推动者，……今天的全球资本主义可能是推动同质化最强有力的力量，而国家则有时成了地方差异和多样性的保护者"[③]。

四 制度对于多样性的容忍

有关制度对于多样性的容忍，采用三个研究与开发的具体事例加以说明。

螺旋式红外制导防空导弹[④]。尽管官方没有安排开发导弹制导系统的

---

① ［英］梅特卡夫：《演化经济学与创造性毁灭》，中国人民大学出版社2007年版，第27—28页。

② ［美］詹姆斯·斯科特：《国家的视角》，社会科学文献出版社2004年版，第21页。从这个角度也可以分析2008年中国的雪灾。大雪演变成灾难的一个重要原因是电力设施的被破坏，而铁路已经完成了电气化改造，离开了电力，火车只能停滞在铁轨上，铁轨不是主要原因。如果采用多样性动力诸如蒸汽动力仍然存在，那么铁路系统更加稳定、更能够抵御自然灾害。

③ ［美］詹姆斯·斯科特：《国家的视角》，社会科学文献出版社2004年版，第9页。

④ ［美］爱德华·康斯坦特：《战争与技术的进化》，参见［英］约翰·齐曼主编《技术创新进化论》，孙喜杰、曾国屏译，上海科技教育出版社2002年版，第323页。

第八章　创新集群知识治理的公共政策框架　/ 145

任务,加利福尼亚中国湖海军军械测试站的一个小组还是提议研制一种能够完全自主的红外自导导弹。海军军械局一再拒绝了他们的提议。这个研究小组只好私下里累积研发资源,2年后他们拥有了一项足够稳定而又廉价的创新设计,从而说服了军械局支持原型开发。又过了2年,1954年1月,螺旋式红外自导防空导弹首次实验成功。它已经成为或许是世界上部署最广的防空导弹,并且与其衍生武器仍然服务在第一线。有关制度和多样性的关系,基于这一事例,爱德华·康斯坦特(Edward Constant)指出武器在组织足够宽松、剩余资源充足的制度环境里演化得最好,这样的环境能够担负得起试验及其不可避免的伴生物——失败。

"强5"飞机的研究和制造。"强5"是中国自主设计的对地攻击机,1958年由第一飞机设计室开始设计,1959年转到南昌飞机制造厂设计制造,1960年5月开始试制,在零部件已经完成80%的节点上为止;这个阶段处于体制内研制计划阶段。1961年8月,在零部件已经完成80%的节骨眼上遭遇到国民经济调整,从而政策效应波及到"强5",试制搁置,计划取消,责令停止;试制工作人员被分批抽离,最后包括总设计师陆孝彭只剩下14人(6名设计人员、2名工艺员、4名工人、1名调度员、1名资料员);在总设计师陆孝彭的痴心坚持和精神感召下,试制工作由仅有的14个人继续前进直到完成第一架静力试验机;这个阶段处于体制外研制计划阶段。第一架静力试验机完成之后得到了空军将领等高层的重视,下令恢复"强5"的试制,直到首飞成功、批量生产,这一阶段再次处于体制内研制计划阶段。"强5"的意义是重大的,让中国揭开了自行设计制造超音速喷气式强击机并且大量装备部队的历史;在第37届国际航展上荣获"亚洲明星";1985年荣获国家科技进步特等奖。由此可见,在当时制度对多样性的容忍度是很低的,政策上是责令停止;然而个人(总设计师)的坚持、文化因素(飞机制造厂的厂长被总设计师所感召)以及空军的关注(空军是需求方)使得这种多样性有了一席生存空间。正是这一席空间换来了空军将领等高层的重视;正是这一席多样性才孕育了"亚洲明星"。更多"强5"的资料①参见段晓贵、涂又红(1994)。

胰岛素合成研究。无论是否获奖,胰岛素合成研究都具有重要意义。

---

① 路风教授在有关大飞机的研究报告中也分析了"强5"飞机的研发过程。参见路风:《走向自主创新:寻求中国力量的源泉》,广西师范大学出版社2006年版,第309页。

中国的一流科学家和研究这段历史的科学史专家对此进行了反思。1993年邹承鲁院士说:"虽然胰岛素的全合成后来取得了很大的成就,但集中那么大的力量,花费那么多的时间,究竟是否值得?如果把这样大的力量用在其他方面,对我国生物化学的全面发展是否更有益,对此我始终是有保留的。"[1] 2001年,张友尚院士说:"科学研究需要积累,也不是说一步登天嘛!但大跃进时代就是要一步登天。所以呢,就组织优势兵力,把原来不是搞这个的都拿来搞这个东西,我们希望做个大的——抱个'大西瓜',其他的就不值得做了,就把别的给放弃了。实际上那个时候做核酸啊、做蛋白质啊、做酶啊,也是做得不错的,说不定在原来的基础上,也能够做出很好的工作来,不允许你慢慢地来……应该说这个课题本身还是很有意义的,但为达到这个目的而用的这种方式是不是就一定是最好的?国外搞多肽合成就不像我们这么搞。他们让人慢慢去做……"[2] 对此,熊卫民、王克迪评论道:"其实分子遗传学就是从20世纪50年代兴起的,我们的起步并不迟(中科院上海生理生化研究所于1951年成立),我们也并非没有人才(譬如邹承鲁、曹天钦和沃森、克里克基本同时从剑桥大学出道,都同样才华横溢),也基本不缺钱(胰岛素工作是'通天的',从来没有愁过经费问题),但一耽搁就是二十多年,别国阔步向前的时候,我们钻某个小的牛角尖。"[3] 从这些材料可知,在特殊的环境下,制度与多样性之间紧张关系的另一种情形;如果说螺旋式红外制导防空导弹主要是设计意识的差异,如果说"强5"是涉及资源限制以及仿制还是自主等理念因素,那么胰岛素合成则更多的是一种社会氛围的影响,或者说社会氛围"绑架"了科学家的科学研究从而中断了多样性的自由探索。

第四节　集中力量办大事与自由探索之间
竞争与互补的制度结构

一　创新政策层面上集中力量办大事与自由探索之间竞争与互补

这里从两个方面分析:"集中力量办大事"的"力量"从哪里来?

---

[1] 熊卫民、王克迪:《合成一个蛋白质——结晶牛胰岛素的人工全合成》,山东教育出版社2005年版,第116—117页。
[2] 同上。
[3] 同上书,第117—118页。

"集中力量办大事"的过程中如何与自由探索兼容。

（1）"集中力量办大事"的"力量"之源泉来自于多样性（variety）的自由探索；缺失了多样性的自由探索，"集中力量办大事"的"力量"就是单薄的、单一的、不可持续的、后继乏力的。在此基础上，再来审视这个问题：为何在一些新兴产业上起步并不比其他国家晚甚至基本同步，但是逐渐就拉开了、拉大了差距？根本原因在于只是单向度地实施"集中力量办大事"，忽略了百花齐放的源头活水：多样性的自由探索。同理，没有小科学的多样性自由探索就无以凝聚大科学的方向，缺失了自由探索的凝聚，其方向只能是模仿发达国家的大技术工程项目，也即这个方向其他国家已经探索并且成功了；缺失了自由探索的过程所凝聚出的大科学方向，有可能使得"赌注"押错了方向，集中力量之后可能办成了"大事"、也可能办成了"大错"。

（2）"集中力量办大事"和自由探索实质上也是国家和社会关系在创新领域的反映。"集中力量办大事"的实施过程中需要注意其挤出效应，除非国家生存需要否则不可以挤压多样性的自由探索空间，那样将导致多样性的减少和损耗，以至于创新系统的演化过程中断。挤出效应主要表现为国家和社会在资源和人才等方面的竞争。面对政府组织的"集中力量办大事"，社会一方处于弱势竞争地位。解决办法是：控制政府组织实施的"集中力量办大事"的适用领域和频率，能够由社会和民间力量组织实施的"集中力量办大事"尽量交由社会和民间实施；在由政府组织实施的"集中力量办大事"的过程中尽量吸纳社会力量参与进来，并且促使社会和民间力量尽快成长。

二 模块设计层面上"集中力量办大事"与自由探索之间竞争与互补

模块设计层面可以理解为复杂产品系统层面、知识平台和技术平台层面，也即创新政策的具体实施运作层面。飞机、火箭、神舟飞船、汽车、计算机等都是复杂产品系统，都适用模块化设计规则。

模块化规则的内涵。鲍德温和克拉克（2000）[①] 指出在许多具有复杂

[①] 本节有关模块化的资料来源于［美］卡丽斯·鲍德温、金·克拉克《设计规则：模块化的力量》，张传良等译，中信出版社 2006 年版。

系统的领域中模块化都被证明是一个有用的概念；模块化的思想实际上是古老的，无论是亚当·斯密的指针，还是赫伯特·西蒙的钟表匠的故事都反映模块化的工作原理。模块化的基本思想可概括为三个词汇：抽象（abstraction）、信息隐藏（information hiding）和界面（interface）；具体地，复杂系统的管理可以通过将系统分割成小块，然后分别处理来实现；当系统要素的复杂性超过了特定阈限，可以将这种复杂性分离抽象出来，作为独立的具有简单界面的一部分；这种抽象隐藏了要素的复杂性；界面表明了要素如何与所处的大系统进行互动。

设计规则是由精英力量集中设计出来，即顶层设计；共同的规则保证了模块与系统的兼容；界面则承担模块之间以及模块与系统之间的连接功能。鲍德温和克拉克（2000）的"模块化可以创造选择权"的理论本质上就是"集中力量办大事"与自由探索之间的互补结构。由于每一个模块都处于统照在设计规则之下的独立地位，所以模块化设计者为了获得创新租金具有强烈的动机获取最佳设计，这种多样性的自由探索就创造了锦标赛式的竞争，从而使得系统本身的功能更加强大。围绕着拥有设计规则的主导企业的一系列模块企业和市场形成了模块集群（modular cluster）。

按照鲍德温和克拉克（2000）的"模块化可以演进"的理论，在各个模块设计者的技术能力和知识储备累积到一定程度时，集中设计的顶层设计规则将会被突破，原先由单一主导企业主导的设计规则将变迁为多个企业的分散化设计规则，而后在分散的设计基础上再整合在一个兼容的系统之中。典型的案例是IBM的360计算机，IBM以及后来的微软、英特尔等众多企业共同构成了模块集群；而且由单一极点的模块集群（具有单一的设计规则）演变为交叉的多极点模块集群（具有若干套的设计规则），甚至演化到非常庞大的"集群的集群"。模块集群实质上也具有组织、知识和制度共生演化的典型过程。

由以上分析可知，主导企业也是可以"集中力量办大事"的，中国的百度、阿里巴巴等企业已经具备了设计规则的能力，围绕在它们周围也已经形成了初步的模块集群。同时，即使"集中力量办大事"一定需要政府组织实施，根据模块化设计规则，政府以及委托人（如中央企业）将主要精力利用在设计规则方面较为妥当，然后再集中社会和民间力量从事模块的设计和制造，并且鼓励多样性的自由探索从而促进各个模块的锦标赛式的竞争。"对置身于世界市场的中国产业来说，要想在设计、生产和推广一个日益复杂的产品系统方面获得竞争力，就需要以更集中、更灵活的方式整合来自底层的创新和竞争。"①

第五节　本章小结

本章致力于构建创新集群知识治理的公共政策框架。首先分析了在创新集群发展中政府和政策的角色配置，指出政府需要明确何时进入、何时退出。然后指明"集中力量办大事"的五种误解并且研究了"集中力量办大事"的适用领域；指出"集中力量办大事"本质上是一种组织模式和治理模式，任何国家和组织都可以使用它，尤其是后发追赶国家和地区最可能使用它。但是仅仅单向度地使用"集中力量办大事"将会由于多样性的减少而中断创新系统和创新集群的演化过程；必须注意到"集中力量办大事"和多样性自由探索之间的竞争和互补关系；然后借助于模块化设计规则再次分析和强调了两者的共生关系。

基于对两者关系的研究，本章指出中国创新集群知识治理的公共政策框架，其思想核心是构建"集中力量办大事"和多样性自由探索之间竞争和互补的制度结构；政策核心是"抓大放活"，即抓住国家战略目标、注重设计规则的构建，放活其他一切资源从事多样性自由探索。推而论之，这也是中国特色创新体系的公共政策框架和思想核心。

---

① ［日］青木昌彦：《模块化与产业结构的自然演进》，参见［美］卡丽斯·鲍德温、金·克拉克《设计规则：模块化的力量》，张传良等译，中信出版社2006年版。

第九章 结语

创新集群在本质上是一种产业经济组织，无论是地理空间维度下的创新集群，还是技术经济空间维度下的创新集群，归根结底还是一种经济组织。一般地，创新集群的出现和发展是不可复制的，是与当地的制度环境和文化氛围等因素适配的。创新集群的发育之初或之前存在一些看似具有偶发性的小事件，但是这原初的一个个小事件与其后发生的一个个小事件相互叠加、加强之后或许创新集群才能出现。尽管不可复制但是培育成功的创新集群仍然需要教育和科学研究水平的跟进、组织和秩序的建立、人为建构的秩序适配当地的场景知识。认为后发国家以往没有创新集群，就无法培育创新集群是静态而非发展的观点。但是培育创新集群就必须实施高强度的技术学习和组织学习、构建契合的创新集群知识系统和知识治理机制。

第一节 主要研究结论

第一，指出创新集群存在两个分析维度：地理空间维度和技术经济空间维度；"创新"和"集群"谁修饰谁的争执实质是两个分析维度的争执，只取其中一个维度将误导以后的理论研究和实践发展。

第二，创新集群中会出现各种失灵以及信息不对称、目光短浅、缺乏合作和信任；再加上知识的溢出性，知识极其容易外溢导致创造知识的动力不足，尤其是在知识产权保护不力状态下；同时知识的固有属性又导致知识估值困难、披露困境；这些因素致使对于创新集群集体行动的迫切需求。

第三，选择何种知识治理机制须视创新集群的阶段形态而定，而创新集群的阶段形态主要受到其中知识库和联盟库的水平高低影响。制定培育创新集群的政策需要考虑到不同的集群形态和特质，笼统而空泛地讨论培育政策往往难以达到预定的政策效果。

第四，共有文化、共同价值观、共同语言和开放空间创造了适宜于知识创新的环境，概言之，"场"的培育对于创新集群的发展是至关重要的。同时，创新集群中竞争依然是发现知识的过程，经济上有用的知识创造有赖于经济竞争。

第五，创新集群中的知识、组织和制度是一种共生演化的关系；正是由于创新集群中知识、组织和制度的共生演化从而生成一个复杂适应系统。在此系统中虽然有些组织或者技术是有意设计的，但是这些行动的后果并不一定与原先预见的一致即不一定是原本预见的结果。在培育创新集群过程中政府最好只是设计大致方向，减少微观干预，增加知识多样性和异质性；在培育创新集群过程中不能仅仅侧重技术创新，而忽略了组织创新、管理创新和制度创新；需要谨记存在什么样的制度就会生成什么样的知识。

第六，明确指出"集中力量办大事"本质上是一种组织模式和治理模式，任何国家和组织都可以使用它，尤其是后发追赶国家和地区最可能使用它。但是仅仅单向度地使用"集中力量办大事"将会由于多样性的减少而中断创新系统和创新集群的演化过程；必须注意到"集中力量办大事"和多样性自由探索之间的竞争和互补关系。

第二节 主要创新点

第一，在分析大量国外创新集群文献的基础上，明确指出创新集群存在地理空间和技术经济空间两个分析维度。这两个维度的研究不可偏废，只取其中一个维度将误导以后的理论研究和实践发展。

第二，在两个维度基础上，借鉴了以往的创新集群概念，重新界定了创新集群概念，指出创新集群是以新知识生产、新产品大量出现为本质特征的创新型组织（创新型企业、各种知识中心和相关机构）在地理空间上集中或者在技术经济空间中集聚，并且与外界形成有效互动结构的产业组织形态。

第三，在前人研究基础上，构建了创新集群中知识治理的机制选择分析框架。基于知识库和联盟库的水平高低划分了创新集群的不同阶段形态，而后根据相应的阶段形态分析了与之契合的知识治理机制。

第四，研究了创新集群中知识、组织和制度之间的共生演化关系：文化遗产、社会理念、社会知识致使权威力量在国家或者政府层面出台增加知识生产的诸多政策和制度；随之大学、研究机构在区域出现并逐渐增多，在企业家能力的整合作用下引致了微观层面组织模式和组织内部治理制度的创新，组织创新整合和协调了知识员工的合作行为，制度创新激发了知识员工的主人翁精神；区域内或产业内企业的竞争性和多样性又加剧了这种创新力度和速度；微观创新又将反馈到大学和研究机构等知识生产机构即与劳动力市场的相互促进，以及借助于各种专业协会的游说引起宏观层面制度和政策的调适和反馈。

第五，构建了创新集群知识治理的公共政策框架，其思想核心是构建"集中力量办大事"和多样性自由探索之间竞争和互补的制度结构；明确指出政策核心是"抓大放活"，即抓住国家战略目标、注重设计规则的构建，放活其他一切资源从事知识生产的多样性自由探索。

第三节 研究展望

由于创新集群是一个复杂的适应系统，知识是难以有效度量的要素，演化又是需要借助大量案例研究的现象；同时所涉及的学科众多，自然隶属于跨学科的研究，所以创新集群知识治理机制的选题是具有挑战性的研究，本书只是一种尝试性努力。另外，我国创新集群的发展还处于初期阶段，在资料搜集和实地调查方面都存在一些限制，难免也使得本书的研究存在一些不够圆满甚至不足之处。这也是下一步的研究方向：随着创新集群的进一步发展，研究条件改善，例如知识共享的制度结构、公共技术平台的知识共享等等可以采用大样本问卷调查搜集更多的研究资料，从而可能得出更有意义的研究结论。

参考文献

中文参考文献

[1] [美] 埃德蒙·菲尔普斯：《大繁荣：大众创新如何带来国家繁荣》，余江译，中信出版社2013年版。

[2] [美] 埃里克·弗鲁博顿、[德] 鲁道夫·芮切特：《新制度经济学：一个交易费用分析范式》，姜建强、罗长远译，上海人民出版社2006年版。

[3] [美] 埃里克·冯·希普尔：《创新的源泉——追循创新公司的足迹》，柳卸林、陈道斌等译，知识产权出版社2005年版。

[4] [美] 埃莉诺·奥斯特罗姆（Elinor Ostrom）：《公共事物的治理之道：集体行动制度的演进》，余逊达，陈旭东译，上海三联书店2000年版。

[5] [意大利] 安娜·格兰多里（Grandori, A.）编：《企业网络：组织和产业竞争力》，刘刚、罗若愚、祝茂等译，中国人民大学出版社2005年版。

[6] [美] 巴泽尔：《国家理论——经济权利、法律权利与国家范围》，上海财经大学出版社2006年版。

[7] [美] 本·斯泰尔、戴维·维克托、理查德·纳尔逊：《技术创新与经济绩效》，上海人民出版社2006年版。

[8] [德] 柏林科学技术研究院：《文化VS技术创新》，吴金希等译，知识产权出版社2006年版。

[9] 陈凡、秦书生和王健主编：《科技与社会（STS）研究》（2007年第一卷），东北大学出版社2008年版。

[10] 陈劲:《从技术引进到自主创新的学习模式》,《科研管理》1994年第2期。

[11] 陈劲:《以创新理论研究服务创新型国家建设》,《人民日报》2014年7月11日。

[12] 陈劲、陈钰芬:《开放创新体系与企业技术创新资源配置》,《科研管理》2006年第3期。

[13] 陈劲、贾根良:《理解熊彼特:创新与经济发展的再思考》,清华大学出版社2013年版。

[14] 陈劲、童亮:《联知创新——复杂产品系统创新的知识管理》,科学出版社2008年版。

[15] 陈劲等编著:《科技、技术与创新政策》,科学出版社2013年版。

[16] 陈继祥:《产业集群与复杂性》,上海财经大学出版社2005年版。

[17] 戴卫:《以产业联盟促进中关村创新集群的发展》,《深交所》2007年第6期。

[18] [美] 戴维·兰德斯:《国富国穷》,新华出版社2007年版。

[19] [美] 道格拉斯·C. 诺斯:《制度、制度变革与经济绩效》,上海人民出版社1990年版。

[20] [美] 道格拉斯·C. 诺思:《经济史中的结构与变迁》,陈郁、罗华平译,上海三联书店1994年版。

[21] [美] 丹尼尔·W. 布罗姆利 (Daniel W. Bromley):《经济利益与经济制度:公共政策的理论基础》,陈郁等译,上海人民出版社1996年版。

[22] [美] David H. Guson, Daniel Sarewitz 主编:《塑造科学与技术政策:新生代的研究》,北京大学出版社2011年版。

[23] [意大利] 多西 (Dosi)、[美] 蒂斯 (Teece)、[美] 查特里 (Chytry):《技术、组织与竞争力:企业与产业变迁透视》,上海人民出版社2007年版。

[24] [意大利] 多西 (Dosi):《技术范例与技术轨道》,载外国经济学说研究会编《现代国外经济学论文选 (第十辑)》,商务印书馆1986年版。

[25] [意大利] 多西 (Dosi)、[英] 弗里曼 (Freeman) 和 [美] 纳尔逊 (Nelson) 等编:《技术进步与经济理论》,经济科学出版社1992

年版。

[26] 樊春良：《全球化时代的科技政策》，北京理工大学出版社 2005 年版。

[27] ［英］弗里曼、苏特：《工业创新经济学》，北京大学出版社 2004 年版。

[28] ［英］弗里曼（Chris Freeman）：《技术政策与经济绩效：日本国家创新系统的经验》，东南大学出版社 2008 年版。

[29] ［英］弗里曼（Chris Freeman）、卢桑（Francisco Louca）：《光阴似箭——从工业革命到信息革命》，中国人民大学出版社 2007 年版。

[30] ［澳大利亚］福斯特（Foster，J.）、［英］梅特卡夫（Matcakfe，J. S.）编：《演化经济学前沿：竞争、自组织与创新政策》，高等教育出版社 2005 年版。

[31] ［英］弗里德里希·冯·哈耶克：《个人主义与经济秩序》，邓正来译，生活·读书·新知三联书店 2003 年版。

[32] ［英］弗里德里希·冯·哈耶克：《哈耶克文选》，冯克利译，江苏人民出版社 2007 年版。

[33] ［英］弗里德里希·冯·哈耶克：《自由秩序原理》，邓正来译，生活·读书·新知三联书店 2001 年版。

[34] ［英］弗里德里希·冯·哈耶克：《法律、立法与自由（第一卷）》，邓正来译，生活·读书·新知三联书店 2000 年版。

[35] ［德］弗里德里希·李斯特：《政治经济学的国民体系》，商务印书馆 1983 年版。

[36] 高闯等：《高技术企业集群治理结构及其演进机理》，经济管理出版社 2008 年版。

[37] 高汝熹、车春鹏、吴晓隽：《上海健康医学产业创新集群研究》，上海社会科学院出版社 2009 年版。

[38] 葛秋萍：《创新知识的资本化》，中国社会科学出版社 2007 年版。

[39] ［德］赫尔曼·哈肯：《协同学——大自然构成的奥秘》，上海译文出版社 2005 年版。

[40] ［美］赫伯特·金迪斯等著，汪丁丁等编：《走向统一的社会科学》，上海人民出版社 2005 年版。

[41] 郝莹莹、杜德斌：《从"硅谷"到"网谷"：硅谷创新产业集群的

演进及其启示》,《世界经济与政治论坛》2005年第3期。

[42]〔英〕霍奇逊（Hodgson）:《演化与制度:论演化经济学与经济学的演化》,中国人民大学出版社2007年版。

[43]〔瑞典〕霍刚·吉吉斯:《变化中的北欧国家创新体系》,知识产权出版社2006年版。

[44]贾根良:《演化经济学》,山西人民出版社2004年版。

[45]〔韩〕金麟洙、〔美〕纳尔逊编:《技术、学习与创新——来自新兴工业化经济体的经验》,吴金希、戴德余等译,知识产权出版社2011年版。

[46]〔美〕卡丽斯·鲍德温、金·克拉克:《设计规则:模块化的力量》,张传良等译,中信出版社2006年版。

[47]〔英〕克拉克、〔美〕费尔德曼、〔加拿大〕格特勒编:《牛津经济地理学手册》,刘卫东、王缉慈、李小建、杜德斌等译,商务印书馆2005年版。

[48]〔英〕克里斯托弗·胡德:《国家的艺术:文化、修辞与公共管理》,彭勃、邵春霞译,上海人民出版社2004年版。

[49]〔法〕克罗齐耶、费埃德伯格:《行动者与系统——集体行动的政治学》,上海人民出版社2007年版。

[50]〔意大利〕克瑞斯提诺·安东内利:《创新经济学、新技术与结构变迁》,高等教育出版社2006年版。

[51]〔德〕柯武刚、史漫飞:《制度经济学:社会秩序与公共政策》,商务印书馆2000年版。

[52]〔瑞士〕库尔特·多普菲编:《演化经济学:纲领与范围》,高等教育出版社2004年版。

[53]〔英〕拉杰什·纳如拉:《全球化与技术:相互依赖、创新系统与产业政策》,知识产权出版社2011年版。

[54]李琳:《创新集群、合作网络与地区竞争力》,《云南财贸学院学报》2004年第5期。

[55]李凯、李世杰:《产业集群组织分析》,经济管理出版社2007年版。

[56]李顺才、邹珊刚:《知识流动机理的三维分析模式》,《研究与发展管理》2003年第2期。

[57]李卫国:《基于主体要素视角的创新集群评价——以爱尔兰信息通

讯技术集群为例》，《科学学与科学技术管理》2008年第12期。

[58] 李正风：《科学知识生产方式及其演变》，清华大学出版社2006年版。

[59] 李钟文等编：《硅谷优势——创新与创业精神的栖息地》，人民出版社2002年版。

[60] 李子彪：《创新极及多创新极共生演化模型研究》，河北工业大学博士学位论文2007年。

[61] 梁琦：《产业集群论》，商务印书馆2004年版。

[62] 梁桂：《自主创新——低端产业集群向上游突破的必由之路》，《中国科技产业》2005年第12期。

[63] 梁桂：《创新集群是高新区二次创业的重要途径》，《中国高新技术企业》2006年第6期。

[64] ［美］林南：《社会资本》，上海人民出版社2005年版。

[65] 刘辉锋：《知识、能力与企业组织的演化——演化经济学的企业观》，科学技术文献出版社2008年版。

[66] 刘立：《德国化学工业的兴起》，山西教育出版社2008年版。

[67] 刘立：《基础研究政策的理论与实践》，清华大学出版社2007年版。

[68] 刘立：《科技政策学研究》，北京大学出版社2011年版。

[69] 柳卸林：《技术创新经济学》，清华大学出版社2014年版。

[70] 柳卸林：《全球化、追赶与创新》，科学出版社2008年版。

[71] 刘益东、李根群：《中国计算机产业发展之研究》，山东教育出版社2005年版。

[72] 刘友金：《论集群式创新的组织模式》，《中国软科学》2002年第2期。

[73] 路风：《走向自主创新：寻求中国力量的源泉》，广西师范大学出版社2006年版。

[74] 罗家德：《为什么硅谷能击败128公路区》，《台湾中山管理评论》1997年第2期。

[75] ［美］罗伯特·艾克斯罗德：《对策中的制胜之道：合作的进化》，吴坚忠译，上海人民出版社1996年版。

[76] ［美］罗伯特·埃里克森：《无需法律的秩序——邻人如何解决纠纷》，中国政法大学出版社2003年版。

[77][美]罗纳德·科斯等:《财产权利与制度变迁:产权学派与新制度学派译文集》,上海人民出版社 1994 年版。

[78][美]罗纳德·科斯等著,拉斯·沃因等编:《契约经济学》,李风圣译,经济科学出版社 2003 年版。

[79][美]罗纳德·科斯、王宁:《变革中国:市场经济的中国之路》,徐尧、李哲民译,中信出版社 2013 年版。

[80][丹麦]伦德瓦尔(Lundvall):《创新是一个相互作用的过程:从用户与生产者的相互作用到国家创新体制》,载多西等编《技术进步与经济理论》,经济科学出版社 1992 年版。

[81]吕拉昌、魏也华:《新经济地理学中的制度转向与区域发展》,《经济地理》2005 年第 4 期。

[82]马颂德:《加强创新集群培育实现高新区新跨越》,《中国高新区》2006 年第 10 期。

[83][美]马克卢普(Machlup):《美国的知识生产与分配》,中国人民大学出版社 2007 年版。

[84][美]麦特·里德雷:《美德的起源:人类本能与协作的进化》,刘珩译,中央编译出版社 2004 年版。

[85][美]迈克尔·波特.:《国家竞争优势》,华夏出版社 2002 年版。

[86][美]迈克尔·波特:《竞争论》,中信出版社 2003 年版。

[87][美]迈克尔·波特:《竞争优势》,华夏出版社 2005 年版。

[88][美]迈克尔·波特:《竞争战略》,华夏出版社 2005 年版。

[89][奥]曼弗雷德·费希尔、[德]贾维尔·迪亚兹、[瑞典]福克·斯奈卡斯:《大都市创新体系:来自欧洲三个都市地区的理论和案例》,上海人民出版社 2006 年版。

[90][美]曼瑟尔·奥尔森著:《集体行动的逻辑》,陈郁等译,上海人民出版社 1995 年版。

[91]梅丽霞等:《创新集群与传统产业竞争力的提升》,《科技管理研究》2005 年第 2 期。

[92][美]梅丽莎·A.希林(Melissa A·Schilling):《技术创新的战略管理》,清华大学出版社 2007 年版。

[93][英]梅特卡夫:《演化经济学与创造性毁灭》,中国人民大学出版社 2007 年版。

[94] 梅永红：《自主创新与国家利益》，《求是》2006 年第 10 期。

[95] ［美］纳尔逊：《经济增长的源泉》，中国经济出版社 2001 年版。

[96] ［美］纳尔逊、温特：《经济变迁的演化理论》，商务印书馆 1997 年版。

[97] ［印度］纳谢德·福布斯（Forbes）、［英］戴维·韦尔德（Wield）：《从追随者到领先者》，沈瑶、叶莉蓓等译，高等教育出版社 2005 年版。

[98] ［美］奈特：《风险、不确定性与利润》，商务印书馆 2006 年版。

[99] ［美］内森·罗森伯格（Nathan Rosenberg）：《探索黑箱——技术、经济学和历史》，商务印书馆 2004 年版。

[100] 宁钟、司春林：《创新集群的特征及产业结构演进过程中的技术能力和生产能力》，《中国科技论坛》2003 年第 5 期。

[101] 宁钟：《创新集群与知识溢出集中化问题分析》，《科研管理》2005 年第 2 期。

[102] 彭灿、胡厚宝：《知识联盟中的知识创造机制：BaS – C – SECI 模型》，《研究与发展管理》2008 年第 1 期。

[103] ［美］普可仁（Karen R. Polenske）：《创新经济地理》，童昕、王缉慈等译，高等教育出版社 2009 年版。

[104] 任志安：《超越知识管理：知识治理理论的概念、框架及应用》，《科研管理》2007 年第 1 期。

[105] 任志安：《企业知识共享网络理论及其治理研究》，中国社会科学出版社 2008 年版。

[106] ［挪威］思拉恩·埃格特森（Thrainn Eggertsson）：《经济行为与制度》，吴经邦等译，商务印书馆 2004 年版。

[107] 盛昭瀚、蒋德鹏：《演化经济学》，上海三联书店 2002 年版。

[108] ［英］汤姆·奈特（Tom Knight）、特雷弗·豪斯（Trevor Howes）：《知识管理——有效实施的蓝图》，清华大学出版社 2005 年版。

[109] ［英］笛德（Tidd J）、本珊特（Bessant J）和帕维特（Pavitt K）：《管理创新：技术变革、市场变革和组织变革的整合》，王跃红、李伟立译，清华大学出版社 2008 年版。

[110] ［美］托马斯·谢林：《微观动机与宏观行为》，中国人民大学出版社 2006 年版。

[111] 外国经济学说研究会编：《现代国外经济学论文选（第十辑）》，商务印书馆 1986 年版。

[112] 汪丁丁：《知识沿时间和空间的互补性以及相关的经济学》，《经济研究》1997 年第 6 期。

[113] 汪丁丁：《制度分析基础讲义Ⅰ、Ⅱ》，上海人民出版社 2005 年版。

[114] 王福涛：《创新集群发展动力机制》，中国地质大学出版社 2011 年版。

[115] 王福涛、钟书华：《创新集群的演化动力及其生成机制研究》，《科学学与科学技术管理》2009 年第 8 期。

[116] 王缉慈等：《创新的空间：企业集群与区域发展》，北京大学出版社 2001 年版。

[117] 王缉慈：《超越集群：中国产业集群的理论探索》，科学出版社 2010 年版。

[118] 王健友：《知识治理的起源与理论脉络梳理》，《外国经济与管理》2007 年第 6 期。

[119] [美] 威廉姆森、温特：《企业的性质：起源、演变和发展》，商务印书馆 2007 年版。

[120] 魏江、魏勇：《产业集群学习机制多层解析》，《中国软科学》2004 年第 1 期。

[121] 魏江：《创新系统演进和集群创新系统构建》，《自然辩证法通讯》2004 年第 1 期。

[122] 万欣荣：《改革发展与创新之路：北滘家电产业集群研究》，广东人民出版社 2010 年版。

[123] 吴敬琏：《发展中国高新技术产业：制度重于技术》，中国发展出版社 2002 年版。

[124] 肖广岭：《创新集群及其政策意义》，《自然辩证法研究》2003 年第 10 期。

[125] 谢伟、吴贵生：《技术学习的功能和来源》，《科研管理》2000 年第 1 期。

[126] 熊卫民、王克迪：《合成一个蛋白质——结晶牛胰岛素的人工全合成》，山东教育出版社 2005 年版。

[127][美]杨格:《报酬递增和经济进步》,《经济社会体制比较》1996年第2期。

[128][美]约瑟夫·熊彼特:《经济发展理论》,商务印书馆1997年版。

[129][英]约翰·齐曼主编:《技术创新进化论》,孙喜杰、曾国屏译,上海科技教育出版社2002年版。

[130]杨宇帆:《产业集群与区域品牌——古镇灯饰集群研究》,广东人民出版社2010年版。

[131][日]野中郁次郎、竹内弘高:《创造知识的企业:日美企业持续创新的动力》,李萌、高飞译,知识产权出版社2006年版。

[132][日]野中郁次郎等:《知识创造的螺旋:知识管理理论与案例研究》,李萌译、高飞校译,知识产权出版社2006年版。

[133][日]野中郁次郎等:《创新的本质》,林忠鹏、谢群译,知识产权出版社2006年版。

[134]曾国屏、李正风主编:《世界各国创新系统——知识的生产、扩散与利用》,山东教育出版社1999年版。

[135][挪威]詹·法格博格、[美]戴维·莫利、[美]理查德·纳尔逊主编:《牛津创新手册》,柳卸林、郑刚、蔺雷、李纪珍译,知识产权出版社2009年版。

[136][美]詹姆斯·斯科特:《国家的视角》,社会科学文献出版社2004年版。

[137]张景安、亨利·罗文等:《创业精神与创新集群——硅谷的启示》,复旦大学出版社2002年版。

[138]张培刚:《发展经济学教程》,经济科学出版社2001年版。

[139][英]张夏准(Ha-Joon Chang):《富国陷阱——发达国家为何踢开梯子?》,社会科学文献出版社2007年版。

[140]张五常:《佃农理论:应用于亚洲的农业和台湾的土地改革》,易宪容译,商务印书馆2000年版。

[141]张五常:《中国的经济制度》,中信出版社2013年版。

[142]张曙光主编:《中国制度变迁的案例研究》,中国财政经济出版社2005年版。

[143]赵迺抟:《欧美经济学史》,东方出版社2007年版。

[144]钟书华:《创新集群:概念、特征及理论意义》,《科学学研究》

2008 年第 1 期。

［145］钟书华：《创新集群与创新型国家建设》，《科学管理研究》2007 年第 6 期。

［146］钟书华：《企业技术联盟导论》，经济管理出版社 2004 年版。

［147］钟书华：《科技园区管理》，科学出版社 2004 年版。

［148］钟书华：《论科技举国体制》，《科学学研究》2009 年第 12 期。

［149］周振华：《产业结构成长中的创新扩散与群集——兼论若干模型在我国的运用》，《南开经济研究》1991 年第 4 期。

［150］周晔：《产业集群知识系统研究：基于网络演进与企业行为的分析》，南京：东南大学经济管理学院博士论文 2006 年。

［151］朱桂龙、钟自然：《从要素驱动到创新驱动——广东专业镇发展及其政策取向》，《科学学研究》2014 年第 1 期。

英文参考文献

［1］Albino, V., A. C. Garavelli, G. Schiuma. Knowledge transfer and inter-firm relationship in industrial districts: the role of the leader firm. *Technovation*, 1999, 19: 53 – 63.

［2］Alfred Spielkamp and Katrin Vopel. Mapping Innovative Clusters in National Innovation Systems. ZEW (Zentrum für Europäische Wirtschaftsforschung / Center for European Economic Research), *Discussion Papers*, No. 98 – 45.

［3］Asheim, B. T. and Coenen, L. Knowledge bases and regional innovation systems: comparing Nordic clusters. *Research Policy*, 2005, 1173 – 1190.

［4］Asheim, B. Regional innovation systems: the integration of local sticky an global ubiquitous knowledge. *Journal of Technology Transfer*, 2002 (27).

［5］Antonelli, C. The economics of governance: the role of localized knowledge in the interdependence among transaction, coordination and production. University of Torino, Italy, *Working Paper*, 2003, No. 03.

［6］Antonelli C. Models of knowledge and systems of governance. *Journal of Institutional Economics*, 2005, 1 (1): 51 – 73.

［7］Audertsch, D. B. and Feldman, M. P. R&D spillovers and the geography of innovation and production. *American Economic Review*, 1996a, 86: 253 - 273.

[8] Audertsch, D. B. and Feldman, M. P. Innovation clusters and the industry life cycle. *Review of Industrial Organization*, 1996b, 11: 253 - 273.

[9] Audertsch, D. B. and Feldman, M. P. Knowledge spillovers and the geography of innovation. In: Henderson J. V. , Thisse J. F. (ed.), *Handbook of Urban and Regional Economics*, 2004, Vol. 4: 2713 - 2739.

[10] Bathelt, H. , Malmberg, A. and Maskell P. Clusters and knowledge: local buzz, global pipelines and the process of knowledge creation. *Progress in Human Geography*, 2004, 28: 31 - 56.

[11] Bathelt, H. and Schuldt, N. Between luminaries and meat grinders: international trade fairs as temporary clusters. *Regional Studies*, 2008, 42 (6): 853 - 868.

[12] Bente, G. , Baptist, O. , Leuschner, H. To buy or not to buy: Influence of seller photos and reputation on buyer trust and purchase behavior. Int. J. *Human-Computer Studies*, 2012 , 70: 1 - 13.

[13] Bell, M. and M. Albu. Knowledge systems and technological dynamism in industrial clusters in developing countries. *World Development*, 1999, 27 (9): 1715 - 1734.

[14] Belussi, F. Accumulation of tacit knowledge and division of cognitive labour in the industrial district/local production system. Paper presented at the conference "Evolution of Industrial Districts", Jena, 1999.

[15] Boschma, Proximity and innovation: a critical assessment . *Regional Studies*, 2005, 39: 41 - 45.

[16] Bortagaray, I. , Tiffin, S. Innovation clusters in Latin America. Presented at 4th International Conference on Technology Policy and Innovation Curitiba, Brazil, August 28 - 31, 2000: 1 - 40.

[17] Broersma, L. The role of services in innovative clusters. Paper within the framework of the Research Programme Structural Information Provision on Innovation in Services (SIID) for the Ministry of Economic Affairs, *Directorate for General Technology Policy*, October 2001: 1 - 43.

[18] Capello, R. Spatial transfer of knowledge in high technology milieux:

learning versus collective learning processes. *Regional Studies*, 1999, 33 (4): 353 - 364.

[19] Carlsson, B., et al. Innovation systems: analytical and methodological issues. *Research Policy*, 2002, 31: 233 - 245.

[20] Cole, A. Distant neighbours: the new geography of animated film production in Europe. *Regional Studies*, 2008, 42 (6): 891 - 904.

[21] Cooke, P. Regional innovation systems, clusters, and the knowledge economy. *Industrial and Corporate Change*, 2001, 10 (4): 945 - 974.

[22] Cooke, P., et al. Regional innovation systems: Institutional and organizational dimensions. *Research Policy*, 1997, 26: 475 - 491.

[23] Coriat, B., Weinstein O. Organizations, firms and institutions in the generation of innovation. *Research Policy*, 2002, 31: 273 - 290.

[24] Cowan, R., Foray, D. The economics of codification and the diffusion of knowledge. *Industrial and Corporate Change*, 1997, 6 (3): 595 - 622.

[25] Dayasindhu, H. Embeddedness, knowledge transfer, industry clusters and global competitiveness: a case study of the Indian software industry. *Technovation*, 2002 (9): 551 - 560.

[26] DeBresson, C. An entrepreneur cannot innovate alone; networks of enterprises are required. Paper to be discussed at the DRUID conference on systems of innovation, 1999.

[27] DeBresson, C. Breeding innovation clusters: a source of dynamic development. *World Development*, 1989, 17: 4 - 16.

[28] Doloreux, D. and Parto, S. Regional innovation systems: current discourse and unresolved issues. *Technology in Society*, 2005, 27: 133 - 153.

[29] Edquist, C., Hommen, L. Systems of innovation: theory and policy for the demand side. *Technology in Society*, 1999, 21: 63 - 79.

[30] Edquist, C. The systems of innovation approach and innovation policy: an account of the state of the art. Draft of 2001 - 06 - 01.

[31] Elisa Giuliani, Martin Bell. The micro-determinants of meso-level learning and innovation: evidence from a Chilean wine cluster. *Research Policy*, 2005 (34): 47 - 68.

[32] Feldman, M. P. and Audertsch, D. B. Innovation in cities: science-

based diversity, specialization and localized competition. *European Economic Review*, 1999, 43: 409 – 429.

[33] Feldman, M. P., Francis, J. and Bercovitz, J. Creating a cluster while building a firm: entrepreneurs and the formation of industial clusters. *Regional Studies*, 2005 (1): 129 – 141.

[34] Freeman, C. Continental, national and sub-national innovation systems. *Research Policy*, 2002, 31: 191 – 211.

[35] Furman, J., Porter, M. and Stern, S. The determinants of national innovative capacity. *Research Policy*, 2002, 31: 899 – 933.

[36] Foss, N. J. Husted, K, Michailova, S, and Pedersen, T. Governing knowledge processes: Theoretical foundations and research opportunities. Center for Knowledge Governance, Copenhagen Business School. *CKG Working Paper*, 2003, No. 01.

[37] Foss, N. J. The emerging knowledge governance approach: Challenges and characteristics. *Organization*, 2007, 14 (1): 29 – 52.

[38] Godin, B. National innovation system: the system approach in historical perspective. *Project on the History and Sociology of STI Statistics*, Working Paper, No. 36, 2007.

[39] Groot, B. and Franses, P. Cycles in basic innovations. *Econometric Institute Report*, Erasmus University, 2005, 35: 1 – 16.

[40] Grandori, A. Neither hierarchy nor identity: knowledge-governance mechanisms and the theory of the firm. *Journal of Management and Governance*, 2001, 5: 381 – 399.

[41] Grandori, A. Governance structures, coordination mechanisms and cognitive models. *Journal of Management and Governance*, 1997, 1: 29 – 47.

[42] Hamdouch A. Conceptualizing innovation clusters and networks. Forum The Spirit of Innovation III International Conference, Washington, USA, May 14 – 16, 2008.

[43] Hans-Dieter, E. Knowledge hubs and knowledge clusters: designing a knowledge architecture for development. MPRA Paper, 2008, No. 8778.

[44] Hart, D. A. Innovation clusters: key concepts. The University of Reading, Working paper, 2000.

[45] Han, Y. J. Measuring industrial knowledge stocks with patents and papers. *Journal of Informetrics*, 2007, 1: 269-276.

[46] Holly J. Raider. Market Structure and Innovation. *Social Science Research*, 1998 (27): 1-21.

[47] Howells J. Tacit knowledge, innovation and economic geography. *Urban Studies*, 2002 (3).

[48] Hsien-Chun Meng. Innovation cluster as the national competitiveness tool in the innovation driven economy. Seoul: NIS International Symposoum, 2003: 104-116.

[49] Isaksen, A. Knowledge-based clusters and urban location: the clustering of software consultancy in Oslo. *Urban Studies*, 2004, 41: 1157-1174.

[50] Ibrahim, S., Fallah, M. Drivers of innovation and influence of technological clusters. *Engineering Management Journal*, 2005, 17: 33-41.

[51] James Simmie. Innovation and clustering in the globalized international economy. *Urban Studies*, No. 5/6, May 2004.

[52] Jason Whalley, Pim den Hertog. Clusters, innovation and RTOs. *Workpackage synthesis report*, WP1.

[53] Jensen M. B., Lundvall B. Å., Absorptive Capacity, Forms of Knowledge and Economic Development [C]. 2nd Globelics International Conference, Beijing. 2004.

[54] Jensen M B, Johnson B, Lorenz E, Lundvall B A. Forms of knowledge and modes of innovation. *Research Policy*, 2007, 36: 680-693.

[55] John Groenewegen, Marianne van der Steen. The Evolution of National Innovation Systems. *Journal of Economic Issues*, 2006 (2): 282.

[56] Johnston, R. Clusters: A Review [R] prepared for Mapping Australian Science and Innovation Department of Education, *Science and Training*, 2003: 1-25.

[57] Lawson, C., E. Lorenz. Collective learning, tacit knowledge and regional innovative capacity. *Regional Studies*, 1999, 33 (4): 305-317.

[58] Lee, K. From fragmentation to integration: development process of innovation clusters in Korea. *Science, Technology & Society*, 2001, 6: 305-327.

[59] Lee, K. Promoting Innovative Clusters through the Regional Research Centre (RRC) Policy Programme in Korea. *European Planning Studies*, 2003a, 11 (1): 25 – 39.

[60] Lee, K. Circulative linkages of regional knowledge activities: empirical evidence from the Korean case. *Perspectives on Global Development and Technology*, 2003b, 2 (2): 237 – 254.

[61] Liyanage, S. Breeding innovation clusters through collaborative research networks. *Technovation*, 1995, 15: 553 – 567.

[62] Lundvall, B. A. The social dimension of the learning economy. Aalborg University, Denmark, DRUID, Working Paper, No. 96 – 1: 1 – 24.

[63] Lundvall B A. Why the new economy is a learning economy. Aalborg University, Denmark, DRUID, Working Paper, No. 04 – 01: 1 – 11.

[64] Lundvall, B. A. Knowledge management in the learning economy. Aalborg University, Denmark, DRUID, Working Paper, No. 06 – 6: 1 – 24.

[65] Lundvall, B. A. et al. National systems of production, innovation and competence building. *Research Policy*, 2002, 31: 213 – 231.

[66] Keeble, D., et al. Collective learning processes, networking and institutional thickness in the Cambridge region. *Regional Studies*, 1999, 33 (4): 319 – 332.

[67] Kline, S. J & N. Rosenberg. An overview of innovation. in R. London & N. Rosenberg (eds): *The Positive Sum Strategy*, Washington, D. C: National Academic Press, 1986.

[68] Krugman Paul. Increasing Returns and Economic Geography. *Journal of Political Economy*, 1991 (3).

[69] McCann, B. T., and T. B. Folta. Location matters: where we have been and where we might go in agglomeration research. *Journal of Management*, 2008, 34 (3).

[70] Malmberg, A. and Maskell, P. Towards an explanation of regional specialization and industry agglomeration. *European Planning Studies*, 1997 (15): 38.

[71] Martin, R. and Sunley, P. Deconstructing clusters: chaotic concept or policy panacea? [J] *Journal of Economic Geography*, 2003, 3: 5 – 35.

[72] Martina Fromhold-Eisebith, Günter Eisebith. How to institutionalize innovative clusters? Comparing explicit top-down and implicit bottom-up approaches. *Research Policy*, 2005 (34): 1250 - 1268.

[73] Mariussen, A., Nordrergio and Asheim, B. T. New forms of knowledge governance. Basic outline of a social system approach to innovation policy. Paper to be presented at the DRUID Summer Conference. *Copenhagen*, June 12 - 14, 2003.

[74] Maskell, P. Knowledge creation and diffusion in geographic clusters. *International Journal of Innovation Management*, 2001, 5 (2), pp. 213 - 237.

[75] Maskell, P. and Malmberg, A. Myopia, knowledge development and cluster evolution. *Journal of Economoc Geography*, 2007, (7): 603 - 618.

[76] Michael Storper, Anthony J. Venables. Buzz: face-to-face contact and the urban economy. *Journal of Economic Geography*, 2004 (14).

[77] Milberg, W. The Changing Structure of Trade Linked to Global Production Systems: What Are the Policy Implications. Paper Prepared for the World Commission on the Social Dimension of GlobaLization, International Lahor Organization, Geneva. April, 2003.

[78] Montresor, S. and Marzetti, G. V. Innovation clusters in technological systems. DRUID Working Paper, No. 07 - 15.

[79] Montresor, S. and Marzetti, G. V. Innovation clusters intechnological systems. DRUID Working Paper, No. 07 - 15.

[80] Moreno, R., Paci, R. and Usai, S. Geographical and sectoral clusters of innovation in Europe. *The Annals Regional Science*, 2005, 39: 715 - 739.

[81] Moreno, R. et al. Innovation clusters in the European regions. *European Planning Studies*, 2006 (9).

[82] M. S. Gertler. Best practice? Geography, learning and the institutional limits to strong convergence. *Journal of Economic Geography*, 2001 (15).

[83] Murat Iyigun. Clusters of invention, life cycle of technologies and endogenous growth. *Journal of Economic Dynamics & Control*, 2006 (30): 687 - 719.

[84] Nelson R. R. and S. G. Winter. *An Evolutionary Theory of Economic Change*. The Belknap Press of Harvard University Press, 1982.

[85] Nelson R. R. *National Innovation Systems: A Comparatives Analysis*. Oxford University Press, 1993.

[86] Nelson R. R., Nelson K. Technology, institutions, and innovation systems. *Research Policy*, 2002, 31: 265 –272.

[87] Nelson R. R., Rosenberg C. Technical innovation and national systems. In: Nelson R. R. (ed.), *National innovation systems: a comparative analysis*. Oxford university press, 1993.

[88] Niosi J. National systems of innovations are "x-efficient" (and x-effective). Why some are slow learners. *Research Policy*, 2002, 31: 291 –302.

[89] Nonaka, I., R. Toyama and A. Nagata. A firm as a knowledge-creating entity: a new perspective on the theory of the firm. *Industrial and Corporate Change*, 2000, 9 (1): 1 –20.

[90] OECD. National innovation system. Paris: OECD, 1997.

[91] OECD. Boosting innovation: the cluster approach. Paris: OECD, 1999a.

[92] OECD. Managing national innovation system. Paris: OECD, 1999b.

[93] OECD. Innovation clusters: drivers of national innovation system. Paris: OECD, 2001.

[94] OECD. Dynamising national innovation system. Paris: OECD, 2002.

[95] P. Passiante, G., Secundo, G. From geographical innovation clusters towards virtual innovation clusters: the Innovation Virtual System. Presented at 42th ERSA Congress on From Industry to Advanced Services. Germany, August 27 –31, 2002: 1 –22.

[96] Polanyi M. *Personal Knowledge: Towards a Post Critical Philosophy*. The University of Chicago Press, 1958.

[97] Porter M. E. Cluster and the new economics of competitiveness. *Harvard Business Review*, 1998: 77 –90.

[98] Porter M. E. Location, competition, and economic development: local clusters in a globale conomic. *Economic Development Quarterly*, 2000 (1).

[99] Preissl B. Innovation clusters: combining physical and virtual links. DIW Discussion papers, 2003: 1 – 25.

[100] Romero-Martínez, M. and Montoro-Sánchez, A. How clusters can encourage entrepreneurship and venture creation. Reasons and advantages. *International Entrepreneurship and Management Journal*, 2008, 4: 315 – 329.

[101] Rychen F. and Zimmermann J. Clusters in the global knowledge-based economy: knowledge gatekeepers and temporary proximity. *Regional Studies*, 2008, 42 (6): 767 – 776.

[102] Ron A. Boschma. The rise of clusters of innovative industries in Belgium during the industrial epoch. *Research Policy*. 1999 (28)

[103] Ron Johnston. Clusters: a review. Prepared for Mapping Australian Science and Innovation. The Australian Centre for Innovation Limited, *Department of Education, Science and Training*. March 2003

[104] Sedita, S. R. Old and new districts: a transition towards digital connections [C] . Paper to be presented at the DRUID Summer Conference, *Copenhagen/Elsinore* 6 – 8 June 2002.

[105] Shantha Liyanage. Breeding innovation clusters through collaborative research networks. *Technovation*, 1995 (9)

[106] Sherwat Ibrahim & M. Hosein Fallah. Drivers of Innovation and Influence of Technological Clusters. *Engineering Management Journal*, 2005 (3)

[107] Shaver M. and Flyer F. Agglomeration economics, firm heterogeneity, and foreign direct investment in the United States. *Strategic Management Journal*, 2000, 21: 1175 – 1193.

[108] Silverberg, G. *Long waves: conceptual*, empirical andmodeling issues, 2003: 1 – 17.

[109] Silverberg, G. and Verspagen, B. Breaking the waves: a Poisson regression approach to Schumpeterian clustering of basic innovations. *Cambridge Journal of Economics*, 2003, 27: 671 – 693.

[110] Steinle, C., Schiele, H. When do industries cluster? A proposal on how to assess an industy's propensity to concentrate at a single region or nation. *Research Policy*, 2002, 31: 849 – 858.

[111] S. Breschi, F. Malerba and L. Orsenigo. Technological Regimes and

Schumperterian Patterns of Innovation. *The Economic Journal.* 2000 (10): 388 – 410.

[112] Sylvie Laforet. Size, strategic, and market orientation affects on innovation. *Journal of Business Research*, 2008 (61): 753 – 764.

[113] Torre A. On the role played by temporary geographical proximity in knowledge transmission. *Regional Studies*, 2008, Vol. 42, 6: 869 – 889.

[114] T. Bernner. Simulating the Evolution of Localised Industrial Clusters - An Identification of the Basic Mechanisms. *The Journal of Artificial Societies and Social Simulation*, 2001 (3).

[115] T. de Scitovsky. The Benefits of Asymmetric Markets. *Journal of Economics Perspectives*, Winter, 1990.

[116] Tether B. S. . Who co-operates for innovation, and why. an empirical analysis. *Research Policy*, 2002, 31: 947 – 967.

[117] Tim Padmore, H. Gibson. Modeling systems of innovation: A framework of industrial cluster analysis in regions. *Research Policy*, 1998 (26): 625 – 641.

[118] UNCTAD. Promoting and sustaining SMEs clusters and networks for development. 1998.

[119] Varga, A. The spatial dimension of innovation and growth: Empirical research methodology and policy analysis. *European Planning Studies.* 2006 (9).

[120] Wixted, B. Cluster complexes: a framework for understanding theinternationalization of innovation systems. CPROST, Report 06 – 04 (draft).

[121] Wolfe, D. and Gertler, M. Clusters from the Inside and Out: Local Dynamics and Global Linkages. *Urban Studies*, 2004, 41: 1071 – 1093.

后　　记

　　创新有风险，不创新更危险。一个还没有形成明显创新优势、要素成本优势逐渐减少的中国如何突围，依靠嵌入全球价值链能否实现产业升级？是不可避免地陷入"中等收入陷阱"，还是依靠创新和技术实现艰苦的、必须的、也是可持续的转型升级之路？铭记着这些问题，上路了，一路艰辛，一路欣喜，至今，收获了这些不成熟的思想文字。

　　来自亚当·斯密的洞见，劳动分工能够极大地提高效率，同时也限制和凝固了分工中低端环节的创造力。在如今全球化时代，发达国家占据着劳动分工的高端环节，国际分工链上的其余国家在低端环节挣扎着生存，通过出卖"苦力"赚取微薄的利润，更严重的是一旦适应了不思进取的低端分工环节，则限制和凝固了自身的产业想象力和创新能力。基于此，本书用放大镜和望远镜将问题瞄准了创新集群中的知识和创新。

　　本书的思想传承，从远处论，深受奥地利学派哈耶克的知识问题所影响；分散的知识如何被有效协调并加以利用的命题成为我思考问题的起点；本书的起点也在于此。同时也深受德国经济学家李斯特影响，精辟之见如财富与生产财富的能力不同，可以牺牲当前消费换取未来自身发展能力等等。从近处论，张五常对经济细节的把握能力以及基于经济细节的推断能力让人折服；其《经济解释》（三卷本）精读过几遍，不能不提。丹麦伦德瓦尔的学习经济理念也让我印象深刻。

　　本书是在博士论文基础上修改而成。忆博士三年，感慨万千。收获了学术的果实，也损害了身体的健康；收获了浓浓的同门情、同窗谊，毕业后又各奔东西，人在生活，身不由己。读博的经历让我对"博"字产生了更多的理解和感触。读博是为了什么，为了发表几篇论文、两本证书？为了一种独特的、忘我的、求索的人生体验？还是一种关切社会和国家命运的情怀？我觉得是后者。"博"字让人敬畏，与"博"有关的词汇均是意象宏大；如形容知识面非常丰富的"博学"，形容气势或者心胸宽广的"博大"，形容关注天下、心容大爱的"博爱"，形容展览品之多叫"博览"，学历至高为"博士"。由此可见，"博士"虽然必须具有专业上的细分研究方向，但是同时也必须具有"博"的心胸和气质；博大的心胸需要锤炼，博爱之心需要培育。国家总是需要仰望星空的人；星空的气质与"博"的气质是相容的。缺乏博爱之心胸，如何为万千生民立命、如何让天下寒士俱欢颜？佛家云：慈悲为怀。慈悲，慈悲；只有慈才有悲，只有具备博爱之心才能真真切切感受到他人、社会或国家之悲苦；而他人、社会或国家之悲苦只有博爱之慈才能一一化解。怎一个"博"字了得！现存博士教育，"专"字强调得很多，"博"字强调得不够，"博"的心胸、"博"的气质的培育更是路漫漫。

感谢我的两位导师华中科技大学公共管理学院钟书华教授和刘建平教授。钟书华教授是一个学识渊博、严谨治学、心地无私、博爱宽容的学者，用他的话说，我与他的相识、相知也算是一段学术佳话了，我也忝然受之。刘建平教授学识渊博、具有惊人之洞察力，是我在学术上的启蒙老师。他们都深刻影响到了我的思考方式和行为方式，一些理念我也一直在努力践行，在此向两位导师致以深深的感谢。

感谢华中科技大学公共管理学院院长徐晓林教授，其治学名言读原著、通要籍、贵专一、读书得间等深刻影响了我的学习过程。感谢华中科技大学公共管理学院谭术魁教授、徐顽强教授、王冰教授、张毅教授、马彦琳教授、危怀安教授、马连杰教授、毛羽教授、黄栋教授、蒋天文教授、吴淼教授、胡隆基博士、李强博士、覃梅博士等，众多老师的教诲也让我受益匪浅。与王福涛、李卫国、郭翔、刘勇、张波、江奇、叶火杰、汪艳霞、崔璐、曾婧婧、杨雅南、汪志芳、何建军、刘文高、李云新等同学和同门的交流也使我受益良多。

感谢清华大学经济管理学院陈劲教授对我的鼓励和期望，他的儒雅帅气、博学精深与谦逊平和让我印象深刻。感谢武汉大学发展研究院李光教授、刘钒博士，感谢清华大学科学与社会研究所曾国屏教授、肖广岭教授、刘立教授，感谢东北农大黄善林博士帮我复印了那么多资料。

在本书修改和完善的过程中还得到了广州大学公共管理学院陈潭教授、刘雪明教授、谢俊贵教授、张其学教授等老师的支持和鼓励，他们一直勉励我在学术上取得更大的成绩，他们也为学院创造了良好的学术氛围和青年教师成长的平台，在此一并致谢。感谢广州大学地理科学学院林彰平教授对我的支持和帮助。

感谢中国社会科学出版社的田文老师和武云老师，感谢她们的耐心和大气，她们的宽容让我避免了浮躁，感谢编辑老师的辛勤劳动。

感谢我的老爸老妈，为了我读书，爸妈耗费了无数心力和精力，可是我至今也没有为爸妈做过什么事。还要感谢我那帅气可爱的小儿子，他带给我无限的快乐；他就像一个太阳，通过他的微笑、撒娇与奔跑传递给我满满的正能量，愿他快乐成长。

感谢全国各地多位师兄、师姐的无私帮助，无以为报，在此祝他们康泰平安、一切如意。要感谢的人还有很多，未能在此列出的一并致谢。如果致谢名单中没有你，不要介意，你在我的心中。

在华中科技大学喻家山下度过了非常充实、快乐、勤奋的五年，师兄、师姐、师弟、师妹的欢声笑语温馨着我的回忆。本书也凝聚了我在喻家山下的校园记忆，特列出2010年刚走出校门时所写的一段文字以记之。

风起，叶落满地。我，和你。在梧桐的间隙。浑黄的灯光，影子重叠在一起。四顾茫然，即将离。山前山后，皆成忆。张泥人，故官里。湖边，田间。西五，东七。点点，滴滴！叹难再有挥斥方遒之意气，叹难再有如此纯真之情意。喻家山下再聚首，何年兮？

丁魁礼
2014年8月5日于麓景阁